LES DÉFIS ÉCONOMIQUES DU DÉSARMEMENT.
VERS LA RECONVERSION DES ÉCONOMIES MILITAIRES
de Yves Bélanger, Nicole Desbiens
et Pierre Fournier
est le quatre cent trente-septième ouvrage
publié chez
VLB ÉDITEUR
et le premier de la collection
«Science et conscience».

D1414173

12/9

LES DÉFIS ÉCONOMIQUES
DU DÉSARMEMENT

des mêmes auteurs

RENÉ LÉVESQUE: L'HOMME, LA NATION, LA DÉMOCRATIE, Québec, Presses de l'Université du Québec, 1992 (Yves Bélanger et Michel Lévesque).

QUÉBEC 2000: QUEL DÉVELOPPEMENT?, Québec, Presses de l'Université du Québec, 1992 (Yves Bélanger et Pierre Hamel).

AUTOPSIE DU LAC MEECH. LA SOUVERAINETÉ EST-ELLE INÉVITABLE, Montréal, VLB éditeur, 1991 (Pierre Fournier).

LE QUÉBEC MILITAIRE, Montréal, Québec/Amérique, 1989 (Yves Bélanger et Pierre Fournier).

L'ADMINISTRATION PUBLIQUE QUÉBÉCOISE: ÉVOLUTIONS SECTORIELLES 1960-1985, Québec, Presses de l'Université du Québec, 1989 (Yves Bélanger et Laurent Lepage).

L'ÈRE DES LIBÉRAUX, LE POUVOIR FÉDÉRAL DE 1963 À 1984, Québec, Presses de l'Université du Québec, 1988 (Yves Bélanger et Dorval Brunelle).

L'ENTREPRISE QUÉBÉCOISE: DÉVELOPPEMENT HISTORIQUE ET DYNAMIQUE CONTEMPORAINE, Montréal, Hurtubise-HMH, 1987 (Yves Bélanger et Pierre Fournier).

CAPITALISME ET POLITIQUE AU QUÉBEC, Montréal, Éditions Albert Saint-Martin, 1981 (Pierre Fournier).

LE CAPITALISME AU QUÉBEC, Montréal, Éditions Albert Saint-Martin, 1978 (Pierre Fournier).

LE PATRONAT QUÉBÉCOIS AU POUVOIR, Montréal, HMH, 1978 (Pierre Fournier).

LES SOCIÉTÉS D'ÉTAT ET LES OBJECTIFS ÉCONOMIQUES DU QUÉBEC, Québec, Éditeur officiel du Québec, 1977 (Pierre Fournier).

Yves Bélanger
Nicole Desbiens
Pierre Fournier

Les défis économiques du désarmement

Vers la reconversion des économies militaires

vlb éditeur

VLB ÉDITEUR
Une division du groupe Ville-Marie Littérature
1000, rue Amherst, bureau 102
Montréal (Québec)
H2L 3K5
Tél.: (514) 523-1182
Télécopieur: (514) 282-7530

Maquette de la couverture:
Éric L'Archevêque

Illustration de la couverture:
Geneviève Côté

Distribution:
LES MESSAGERIES ADP
955, rue Amherst
Montréal (Québec)
H2L 3K4
Tél.: à Montréal: 523-1182
       de l'extérieur: 1-800-361-4806

Dépôt légal — 2e trimestre 1992
Bibliothèque nationale du Québec
ISBN 2-89005-506-X

REMERCIEMENTS

Plusieurs personnes et organismes ont rendu possible la publication de ce livre. Nous tenons tout particulièrement à souligner les contributions du Comité reconversion de la Confédération des syndicats nationaux, de l'Institut pour la paix et la sécurité internationales, du FFAR, du CRSH et du décanat des études avancées et de la recherche de l'UQAM.

France Maltais et Abdelkerim Ousman, membres du Groupe de recherche sur l'industrie militaire, ont joué un rôle de premier plan en ce qui concerne la recherche. Marc Laviolette, Pierre Bonnet, André Cloutier, Céline Lamontagne, Pierre Paquette et Roger Deslauriers de la CSN ont participé à notre réflexion sur la reconversion et supporté notre effort de recherche. Enfin, Colette Désilets et Maryse Ribou ont contribué à la mise en forme du manuscrit. Nous les remercions tous pour leur précieuse contribution.

YVES BÉLANGER
NICOLE DESBIENS
PIERRE FOURNIER

PRÉFACE

Les événements récents dans l'ancienne URSS[1] ont provoqué un renversement majeur dans le débat autour de la reconversion et de la diversification des entreprises militaires. Auparavant, la reconversion était largement perçue comme une utopie pacifiste. Les impératifs de la sécurité nationale, en particulier la menace soviétique, venaient la plupart du temps à bout des arguments — même les plus convaincants — de ceux qui prétendaient que les dépenses militaires étaient peu rentables et produisaient des retombées économiques limitées.

Aujourd'hui, même s'il n'existe pas de consensus large sur le niveau de dépenses militaires nécessaire dans le contexte de l'après-guerre froide, on considère comme inévitables des réductions substantielles des budgets de la défense, et comme souhaitable la reconversion/diversification de plusieurs usines militaires. Au-delà des coûts et du gaspillage liés à la production militaire, l'importance économique du secteur militaire en termes de compétitivité, d'emplois et de retombées technologiques est telle qu'une transition

---

1. *Bien que l'URSS se soit désintégrée au cours de la dernière année nous en utilisons l'acronyme pour désigner les territoires présentement regroupés au sein de la Communauté des États indépendants dont l'avenir est encore incertain.*

ordonnée vers la production civile est devenue essentielle.

Ce livre veut apporter une contribution à l'important débat qui s'ouvre sur la reconversion/diversification. Dans les chapitres 1 et 2 nous tentons de mesurer l'ampleur des défis à relever: pertes d'emplois et recyclage de la main-d'œuvre, enjeux technologiques et retombées dans le secteur civil. On y fait aussi état des différentes options stratégiques qui se présentent aux acteurs économiques.

Dans les chapitres 3 et 4 nous analysons en profondeur des initiatives de reconversion/diversification en Amérique du Nord, en URSS, en Chine et dans certains pays de l'Europe de l'Ouest. En plus des expériences tentées au niveau des entreprises et des bases militaires, nous examinons les mesures gouvernementales, tant nationales que régionales et locales, ainsi que l'action des différents organismes mis sur pied par les instances intéressées.

Le chapitre 5 présente un bilan critique des expériences de diversification/reconversion. Il tente aussi de définir les conditions optimales pour le développement d'initiatives de reconversion, en particulier en ce qui a trait au rôle que devraient jouer les gouvernements, les entreprises et les organisations de travailleurs.

CHAPITRE PREMIER

Pourquoi diversifier et reconvertir les entreprises militaires?

Les coupures budgétaires dans la défense, une économie en mutation

La fin de la guerre froide et les problèmes économiques causés par la dégradation de l'état des finances publiques ont débouché sur une réduction généralisée des dépenses militaires. La compilation des données de 1990 démontre que la tendance amorcée trois ans plus tôt se maintient. De 970 milliards de dollars qu'elles étaient en 1989, les dépenses militaires sont passées à 950 milliards en 1990, en baisse de 2 pour cent. Les coupures se sont surtout concentrées dans les économies les plus militarisées, avec des réductions de 6 pour cent aux États-Unis et de 10 pour cent en Union soviétique[1]. Mais dans la région occidentale de l'Europe, la baisse a tout de même atteint une moyenne de 2 pour cent.

Après avoir marqué le pas pendant la guerre du Golfe, le processus de repli des budgets de défense a

---

1. Selon les données du SIPRI, *Yearbook 1990, World Armament and Disarmament*, London, Oxford University Press, 1991.

donc repris ses droits. La baisse survient quelques mois à peine après le déblocage des accords sur le désarmement conventionnel en Europe et la reprise des négociations sur la réduction des armements stratégiques (START). Donnant également suite à la conclusion d'un accord visant la réduction du déficit américain de 500 milliards de dollars d'ici 1995, la Maison Blanche a soumis en 1991 un plan visant une réduction de 170 milliards sur cinq ans dans les prévisions budgétaires de l'armée américaine. Cette proposition s'est concrètement manifestée par des prévisions réduites de 5 pour cent dans le budget de 1992. L'institut Brookings prévoit pour sa part des compressions plus radicales dont le résultat serait un budget de la défense réduit de 50 pour cent en termes réels à la fin de la décennie. Ce scénario optimiste est cependant remis en question par plusieurs analystes qui s'attendent à des compressions moins prononcées dans la pratique[2]. Les niveaux de réduction d'armement négociés dans les traités CFE et START accréditent l'hypothèse d'une baisse voisine de 30 pour cent.

Aux États-Unis, les évaluations les plus conservatrices estiment la baisse réelle des budgets d'acquisition à un niveau moyen de 2 pour cent par année pour les quatre prochaines années, mouvement de compression qui serait par la suite suivi d'une période de stagnation d'une durée indéterminée.

Différents programmes de coupures ont également été mis en application en Europe. Les budgets militaires dans les pays européens ont diminué de 3 pour cent en termes réels en 1990 et plusieurs

---

2. Tel S. Mathuchidambaram, *From Swords to Ploughares: An Evaluation of the Legislative Attempts on Economic Conversion and Human Ressources*, Université de Régina, 1989.

gouvernements ont annoncé des réductions dans les effectifs militaires. Le Royaume-Uni prévoit une réduction de 18 pour cent de son armée, les Pays-Bas de 15 pour cent. Les forces stationnées en Allemagne (*Bundeswhehr*) doivent passer de 600 000 à 370 000 hommes, et la France a annoncé une réduction de 50 pour cent d'ici 1992 de ses effectifs en postes dans ce pays. L'Italie et d'autres pays étudient présentement d'autres projets de coupures.

Pour compléter le tableau, signalons que le commerce international des armes a également connu une baisse marquée au cours des dernières années. La valeur en dollars constants des exportations de 1990 ne représente plus que 35 pour cent de celle de 1989 et 55 pour cent de celle de 1987. Le désengagement plus prononcé de l'URSS et la performance peu reluisante de ses armements dans la guerre du Golfe lui font supporter une grande partie de cette perte de marché, mais tous les exportateurs d'armes, dont les États-Unis et la France, sont également touchés.

La gestion de la décroissance des budgets militaires s'oriente vers des coupures sélectives. On peut déjà affirmer que les armements conventionnels stratégiques conçus dans l'optique d'une confrontation avec les Soviétiques seront plus durement frappés que les systèmes plus polyvalents. Après la guerre du Golfe, il apparaît maintenant plus manifeste que les planificateurs militaires vont axer leurs énergies vers la constitution de forces d'interventions rapides qui requerront des armements plus légers et plus faciles à déplacer. Un mot d'ordre en ce sens a d'ailleurs déjà été lancé en direction des pays de l'OTAN.

Autant dans le domaine de la conception que dans celui de la fabrication des armes, la règle est de revoir un à un les programmes en vue d'en évaluer la pertinence. Chaque programme devient donc terrain

de confrontation. Des programmes abolis ont été res-
suscités sous l'action des lobbies et des groupes opposés à la démilitarisation, d'autres, probablement
moins bien défendus, ont été sacrifiés alors que leur
survie semblait assurée il y a seulement quelques
mois.

Il est vrai qu'aux États-Unis où se concentre pas
moins du tiers de tout le marché militaire de la
planète, la riposte du complexe militaro-industriel se
fait plus cinglante. À ceux qui accusent le Pentagone
de laisser couler une industrie jugée indispensable au
développement économique[3] s'ajoutent ceux qui, ins-
pirés par la guerre du Golfe, affirment que l'instabilité
actuelle au niveau international commande la plus
grande prudence et nécessite donc le maintien d'une
puissance de feu élevée non seulement aux États-
Unis, mais dans l'ensemble des pays industrialisés,
d'où les appels de plus en plus nombreux en faveur
d'une implication militaire plus directe de la part, par
exemple, du Japon et de l'Allemagne. En fait, l'objectif
est de créer un réseau d'alliances susceptible à la fois
de permettre une prise en charge plus collective des
actions militaires, et une distribution plus large de la
facture liée au maintien du système international de
sécurité[4].

Le camp militariste tire également avantage des
effets pervers de la détente sur l'emploi. L'économiste
Richard S. Belous affirme que l'impact des coupures
dans le budget de la défense sera négatif au point où
cela pourrait précipiter l'économie dans une nouvelle

---

3. Center for Strategic & International Studies, *Deterrence in Decay: The
Future of the Defense Industrial Base*, Washington, 1989.
4. Voir A. F. Ikleet Wohlstettler, *A Discriminate Deterrence, un rapport
sur la nouvelle stratégie américaine*, Bruxelles, GRIP, 1989.

récession, sans pour autant résoudre le problème du déficit budgétaire.

Tous les scénarios de coupures étudiés par Belous prévoient évidemment des pertes d'emplois substantielles qui frapperont les catégories de travailleurs et les régions sur lesquelles a reposé la plus grande partie de la croissance américaine au cours des dernières années. Il fait cependant remarquer que le repli de la vague de militarisation supportée par l'administration américaine dans la première moitié des années 1980 pose un défi économique majeur[5]. Cette interprétation est fortement nuancée par d'autres évaluations qui situent l'impact maximal des coupures entre 0,2 pour cent et 0,5 pour cent la baisse annuelle du PNB américain pour les cinq prochaines années[6]. On admet toutefois généralement que plusieurs secteurs qui ne bénéficieront pas directement des dividendes de la paix seront affectés de façon beaucoup plus significative.

En fait, plus l'écart se creuse entre les technologies civiles et militaires, plus l'adaptation devient difficile. À la fin de la Deuxième Guerre mondiale, le marché du travail n'a pris que quelques années à intégrer les 23 millions d'Américains engagés dans l'effort de guerre, sans que cela n'ait d'effet négatif sur la croissance. La fin de la guerre de Corée a précipité l'économie dans des difficultés passagères, après une transition plus difficile. La conclusion de la guerre du Viêt-nam a été vécue encore plus péniblement par les quelque 2,7 millions de travailleurs affectés par l'interruption de programmes militaires, entraînant faillites

---

5. Richard S. Belous, *Creating a Strong Post-War Economy*, Washington, National Planning Association, 1991.
6. Voir DRI/McGraw-Hill, *Review of the U.S. Economy*, décembre 1989, p. 3-4.

d'entreprises et chômage chronique. Or, en franchissant la barre des 300 milliards de dollars, le budget de la défense des États-Unis atteignait en 1987 un niveau comparable au sommet de la guerre de Corée (1953) et de la guerre du Viêt-nam (1968). La crainte est donc grande, maintenant qu'existe un complexe militaro-industriel pratiquement sans contact avec les marchés commerciaux, que les conséquences économiques de la fin de la guerre froide soient désastreuses pour les quelque 6,6 millions d'Américains au service du Pentagone et de l'industrie de la défense, et cela même si le programme actuel de coupures est proportionnellement moins draconien.

Les vices cachés de l'économie militaire

Même si ces craintes sont en partie fondées, le processus de compression est là pour rester. Les études des dernières années ont mis en évidence l'effet néfaste des dépenses militaires. Leur caractère récurrent a enfermé une partie importante des économies occidentales dans un processus économique totalement perverti dont la conséquence la plus manifeste est sans doute d'avoir détérioré le fonctionnement du marché. En effet, les dépenses militaires se révèlent dans l'ensemble peu productives et totalement indifférentes aux fluctuations des coûts des facteurs de production, ce qui les entraîne inexorablement dans une spirale inflationniste, elle-même responsable d'une grande partie des déficits gouvernementaux, comme en témoigne notamment une étude récente de Gordon Feller[7].

7. Gordon Feller, *America's Hidden Industrial Policy: The Pentagon's Weapon-Driven Industrial Plan*, ronéotypé, 1990.

Les budgets militaires ont conséquemment donné naissance à des entreprises qui ont perdu toute compétitivité. Il n'est donc pas fortuit que la décennie 1980, placée sous le signe du réarmement et de la croissance, ait aussi été celle du déclin de l'économie américaine. Pendant près de dix ans, l'État américain a littéralement bonifié la non-compétitivité des plus beaux joyaux de son industrie, pendant que s'effondrait son système social ainsi qu'une grande partie de l'infrastructure du pays. Le cas américain rejaillit tout simplement parce que l'armement y a littéralement assumé la fonction de politique industrielle, contribuant ainsi à démultiplier les problèmes. Les recherches récentes démontrent que des situations similaires prévalent à une échelle plus réduite dans de nombreux autres pays[8].

Le complexe militaro-industriel s'est vu attribuer le leadership dans une foule de secteurs vitaux, y introduisant un nouveau système de valeurs et de nouveaux modes de fonctionnement. Les caractéristiques de cette culture économique constituent maintenant autant d'obstacles au redressement. Les entreprises militaires n'ont pas appris les règles du marché de concurrence, ayant évolué dans un monopsome — soit un marché à un seul client (l'État) — client auquel ces entreprises se sont évertuées à vendre les produits les plus éphémères, parfois même dépassés avant leur mise en service. On a donc rarement senti le besoin de développer des productions de masse standardisées et fabriquées à la chaîne, mais plutôt des productions en

---

8. Liba Paukert, Peter Richards, *Defense expenditures, industrial conversion and local employment*, Genève, Bureau international du travail, 1991.

quantités limitées et soumises à un code de développement complexe et très contraignant[9].

Cet environnement tout à fait particulier a fait émerger des facteurs de rentabilité totalement étrangers aux mécanismes en place dans le marché commercial. Le principe du «Cost Plus[10]» qui est encore de pratique courante est à l'origine d'une culture non pas fondée sur la minimisation des coûts, mais sur son contraire. Pour mettre fin aux abus, une nouvelle procédure prévoyant la prise en charge par l'entreprise des frais liés à la conception et au développement des systèmes d'armes a été introduite. Les exigences propres aux normes militaires ayant exagérément gonflé ces frais, la plupart des fabricants d'armes se sont endettés à un niveau qui menace maintenant leur équilibre financier.

La base opérationnelle au plan technologique tend conséquemment à décroître. Les fabricants n'ont pas la capacité de poursuivre simultanément un grand nombre de projets, de sorte qu'ils sont amenés à investir tous leurs œufs dans le même panier. De plus, depuis trente ans, l'éventail des systèmes tend à décliner. Des cinquante types de chasseurs en service au début des années 60, il n'y en a aujourd'hui guère plus d'une dizaine et l'actuel processus de renouvellement des technologies permet d'anticiper qu'il n'en restera que quatre ou cinq lorsque la prochaine génération d'armements entrera en service. Qui voudrait d'un avion commercial invisible aux radars des tours de contrôle? Il n'y a pas ici de produits génériques. Ces avions offriront toutes les caractéristiques des armes

---

9. Souvent établi sur la base du système «Batch», avec des contrôles de qualité les plus exigeants et des règles de sécurité strictes.
10. Par lequel le niveau des profits est établi globalement au prorata des coûts de production, mais en recourant à des formules destinées à éviter les abus flagrants.

les plus sophistiquées, mais les retombées possibles dans les marchés civils se feront encore plus rares.

Par ailleurs, les contraintes du marché ont donné naissance à un environnement oligopolistique caractérisé par le très faible nombre des usines d'assemblage où est pourtant localisée la plus grande part de la valeur ajoutée. La concentration accélérée des dernières années n'a fait qu'intensifier le problème. Il est de plus en plus difficile, par exemple, de recruter des fournisseurs de deuxième source[11]. Les prises de contrôle ont même réduit considérablement l'étendue du bassin de sous-traitants autrefois abondant. Le complexe militaro-industriel s'internationalise, mais les marchés sont des marchés essentiellement nationaux que les gouvernements tentent de prolonger par le soutien à l'exportation, d'où la multiplication des conflits économiques entre pays.

L'industrie de défense est en outre concentrée dans un nombre limité de secteurs qui recoupent en gros les industries aérospatiale, électronique navale et chimique, ce qui réduit singulièrement la problématique de l'impact des coupures militaires, mais qui rend le problème d'autant plus épineux qu'il s'agit de domaines dont l'incidence sur l'équilibre économique de plusieurs pays est stratégique.

L'industrie de défense se développe également en fonction de ses propres facteurs de localisation. Les travaux d'Ann Markussen[12] ont démontré que les implantations d'usines se sont faites dans le passé en fonction d'une foule de facteurs spécifiques à l'environnement militaire, comme la proximité de bases,

---

11. Dont la fonction est de stabiliser les approvisionnements tout en préservant un minimum de compétitivité dans le marché.
12. Ann Markussen, «Defense Cities: Military Spending, High Technology, and Human Settlements» dans Manuel Castells, *High Technology, Space and Society*, Beverly Hills, Sage Publications, 1985.

d'installations gouvernementales ou la disponibilité
de grands terrains peu coûteux situés dans des en-
droits discrets. Il faut ajouter à cela les pressions politiques auxquelles le secteur militaire est particulièrement sensible et on peut facilement comprendre
pourquoi ont pu être prises dans le passé des décisions
qui semblent absurdes aujourd'hui. Les seules contraintes qui ont évité une dispersion complète de
l'industrie sont liées à la main-d'œuvre. On observe
notamment le regroupement des industries requérant
un apport intensif en main-d'œuvre spécialisée près
de centres urbains. Mais la plupart des établissements
demeurent implantés dans les banlieues éloignées.

Il ne faut pas minimiser l'étendue du problème
posé par le désarmement, comme ont tendance à le
faire les gouvernements, et reconnaître le caractère
spécifique de l'industrie militaire. En fait, la reconversion des entreprises militaires doit être abordée comme un cas particulier de redressement industriel qui
ne peut que très partiellement puiser dans l'expertise
développée dans l'industrie civile. De même, il ne
faut pas attendre d'une démarche entreprise dans une
ou plusieurs usines d'armement de recettes miracles
applicables de façon universelle. Le problème est particulier et il requiert une approche adaptée.

Les différentes dimensions du problème de l'emploi

GE Aerospace, 5 600; Raytheon, 2 700; Chrysler,
4 500; Pratt & Withney, 4 000; Electric Boat, 12 500;
Unisys, 8 000; McDonnell Douglas, 17 000; Empressa
Nacional d'Espagne, 2 128; Colt, 1 100; Ford Aerospace,
5 000; Grumman, 1 900; Northrop, 57 000; Lockheed,

30 000; United Nuclear Corp, 1 000... Les mises à pied dans les usines de défense se multiplient depuis quelques mois, et le mouvement n'en est qu'à ses débuts. Selon le Los Angeles Economic Development Corp, pour chaque emploi éliminé chez les entrepreneurs de premier niveau, trois sont perdus au niveau des sous-traitants[13]. Or le Pentagone admet qu'au moins 10 pour cent des emplois de ses fournisseurs, soit 320 000 emplois seront éliminés d'ici 1995[14]. Il faut donc prévoir aux États-Unis la disparition de 1,4 million d'emplois directs et indirects, uniquement chez les manufacturiers, auxquels s'ajouteront 1 million d'emplois de militaires, de fonctionnaires et d'employés civils, tous salariés du ministère de la Défense. La réalité risque d'être encore plus dramatique. Selon David C. Morisson, 140 000 emplois directs au moins ont été éliminés entre 1986 et 1989 et 460 000 autres devraient disparaître d'ici 1994. Ces 600 000 emplois perdus impliqueraient l'ajout total de quelque 2,4 millions de chômeurs[15].

On estime à 47 millions le nombre des emplois qui sont rétribués directement sur les budgets de défense au niveau mondial, dont 17 millions sont des emplois industriels. Les prévisions actuelles permettent d'évaluer à au moins 9 millions le nombre des emplois qui seront éliminés avant la fin du siècle, incluant 4,5 millions d'emplois dans l'industrie.

---

13. «Who pays for Peace?», *Business Week*, 2 juillet 1990.
14. «Can L. I. Make the Switch?», *Newsday*, Melville, 24 juin 1990.
15. David C. Morisson, «Cushions for Contractors», *National Journal*, vol. XIII, n° 1, 1990.

TABLEAU 1

Emplois dans l'industrie de l'armement de certains pays

Pays	Emplois directs
URSS	6 000 000
États-Unis	3 200 000
Royaume-Uni	330 000
France	260 000
Allemagne (sans ex-RDA)	250 000
Canada	150 000
Italie	100 000
Espagne	40 000

Source: Seymour Melman, *The Demilitarized Society*, Yves Bélanger et Pierre Fournier, *Le Québec militaire* et Laurent Carroué, «Les industries de l'armement au tournant», *Le Monde diplomatique*, juillet 1991, p. 9.

Le cas présenté par la Grande-Bretagne qui a dû revoir ses priorités en matière de défense et réduire considérablement son effort militaire au cours des dernières décennies montre que les scénarios de coupures sont tout à fait plausibles, sans que soit trop lourdement affectée la capacité d'action au plan militaire. Dans ce pays, en 1963, un million d'emplois étaient liés à la production de défense. La masse des travailleurs affectée à la fabrication d'armement a chuté à 700 000 en 1978, puis à 400 000 en 1989[16] pour ne plus occuper que 300 000 travailleurs à l'heure actuelle. Ces compressions ont été menées dans le cadre d'un vaste réaménagement de la politique d'approvisionnement et d'une stratégie industielle centrée sur la collaboration internationale. Malgré ces coupures,

---

16. Brian Didsbury, «Job Losses and Arms Conversion in Britain», *Ends Paper*, automne 1989.

le pays continue de figurer dans le bloc des puissances militaires et possède toujours une armée redoutable. On peut donc présumer que, même dans l'optique du maintien d'une force militaire importante, plusieurs pays sont en mesure de procéder à des coupures massives d'emplois.

Il a déjà été démontré qu'une réaffectation à d'autres missions des budgets consacrés à la défense serait susceptible de créer un nombre d'emplois supérieur aux pertes encourues dans le domaine militaire. Selon l'American Bureau of Labour Statistics, une injection de fonds de 1 milliard de dollars était susceptible en 1985 de créer 100 363 emplois dans la construction, 187 299 dans l'éducation, 138 939 dans la santé publique, 92 071 dans le transport et 86 977 dans l'administration publique contre seulement 75 710 emplois dans l'industrie militaire[17]. On pourrait donc être tenté de solutionner le problème de la démilitarisation par la mise en place d'une simple mécanique de transition vers une nouvelle structure d'emploi, sans se préoccuper véritablement ni des entreprises engagées dans la fabrication d'armements ni, de façon plus large, des emplois militaires.

Il faut cependant être conscient que, ce faisant, on provoquerait à coup sûr des bouleversements qui pourraient être extrêmement dommageables à plusieurs économies. Bien qu'il y ait lieu de le déplorer, il demeure qu'une grande partie de toute l'infrastructure de recherche et de développement industriel est étroitement dépendante des programmes militaires. Étant donné l'emprise qui est celle des gouvernements sur le secteur, nombre de pays ont utilisé ces programmes comme politique industrielle, les asso-

17. Tiré de «International Trade Union Committee for Peace and Disarmament», *Workers and the Arms Race*, Prague, 1986.

ciant intimement au développement de secteurs stratégiques au plan technologique comme les industries
électronique, spatiale et aéronautique. Une certaine
tendance à la spécialisation partagée par un nombre
croissant d'entreprises a par ailleurs créé une situation
de dépendance telle qu'une transition mal préparée
pourrait signifier la disparition pure et simple de plusieurs piliers industriels sans le support desquels
l'équilibre des principales économies du monde occidental pourrait être rompu. Il faut donc imaginer une
réponse au désarmement qui tienne compte de cette
réalité et qui soit en mesure de prendre la relève dans
le domaine de la recherche et du développement des
technologies, tout en limitant l'impact sur les entreprises.

Les fermetures d'entreprises et d'installations de
défense impliquent en outre un coût élevé. À titre
d'exemple, le gouvernement américain estimait en
1988 à 2,8 milliards de dollars la somme totale des
dédommagements et des frais de relocalisation relatifs
à la fermeture de 86 bases et à la révision de la mission
de 56 autres. Une grande partie des budgets en cause
ont été affectés aux indemnités versées aux 58 500 employés civils et militaires touchés. Il est plus difficile
d'obtenir des données sur les frais encourus par les
entreprises ou les gouvernements suite aux fermetures partielles ou totales d'usines militaires. Il est
cependant acquis que la facture totale atteindra plusieurs milliards au cours des prochaines années.

Les études menées à ce jour tendent par ailleurs à
démontrer que les travailleurs de l'armement sont
difficiles à recycler. Selon le Bureau international du
travail, sur 100 travailleurs licenciés à la suite de
fermetures d'usines de défense, un minimum de 15
ne reviendront jamais sur le marché du travail et 18
seront toujours sans emploi après un délai de deux à

trois ans. Un tiers des travailleurs mis à pied seront donc éjectés du marché du travail pour une longue période, entraînant éventuellement des coûts économiques importants pour les collectivités. Des compressions de 50 pour cent des budgets de défense pourraient ainsi ajouter une masse de 1,5 million de chômeurs chroniques à la charge des gouvernements. Il est évident que le chômage ne peut pas être une réponse acceptable à la démilitarisation.

Il nous faut également faire état du type d'emplois en cause. L'industrie militaire est caractérisée par une forte distorsion dans la structure de l'emploi. Dans la plupart des pays engagés dans la production massive d'armes on constate notamment une propension croissante à la mobilisation de la main-d'œuvre qualifiée. Ainsi, aux États-Unis, 3,3 pour cent de la main-d'œuvre travaille dans l'armement, mais la proportion des ingénieurs au service des fabricants militaires s'établit, quant à elle, à 20,7 pour cent. Celle des physiciens atteint même 33,8 pour cent[18].

Les emplois en cause sont donc également des emplois biens rémunérés. Une évaluation faite en 1985 par Rebecca Blank et Emma Rothschild établissait le coût moyen d'un emploi dans l'industrie de défense à un niveau de 36 pour cent supérieur à celui d'un emploi dans l'industrie civile privée et de 6,3 pour cent à celui d'un emploi dans l'industrie civile gouvernementale[19]. Une seconde étude, plus circonscrite, mais plus récente, indique qu'en 1987, les salaires versés dans l'industrie de défense du Massachusetts étaient de 26 pour cent plus élevés que dans les autres

18. Rebecca Blank, Emma Rothschild, «The Effect of United States Defense Spending on Employment and Output», *International Labour Review*, vol. CXXIV, n° 6, 1985.
19. *Ibid*.

secteurs manufacturiers. L'écart atteignait même 57 pour cent après comparaison avec les salaires non manufacturiers[20].

Par ailleurs, de nombreuses études démontrent que les emplois dans le domaine de la défense, notamment dans les fonctions de recherche et de développement, sont occupés par des employés plus scolarisés. On y dénombre deux fois plus de postes de professionnels que dans les autres industries[21]. Il ne faut donc pas s'étonner que les données disponibles indiquent que la moitié des travailleurs mis à pied dans l'industrie de l'armement qui réintègrent le marché du travail soit contrainte de le faire dans un emploi moins bien rétribué. L'argument de la qualité des emplois souvent invoqué par les militaristes pour justifier le maintien des investissements dans le domaine militaire n'est pas une vue de l'esprit. Il correspond à une réalité dans la structure actuelle de nos économies et est un facteur dont nous devons nécessairement tenir compte pour réaliser l'objectif de réduire les dépenses militaires sans s'aliéner les travailleurs du secteur de l'armement.

Bien qu'il ne fasse aucun doute qu'à long terme la situation de l'emploi s'améliorera suite à la réduction des dépenses militaires[22], il ne faut pas sous-estimer l'incidence des problèmes créés à plus court terme, car les choix qui seront faits pendant la période de transition vers une économie moins militarisée contribue-

---

20. Massachusetts Department of Employment and Training, Field Research Service, *Defense Industry Profile*, juin 1989.
21. Voir notamment Yolanda K. Henderson, «Defense Cutbacks and the New England Economy», *New England Economic Review*, juillet 1990.
22. Ce qui a été démontré à de très nombreuses reprises au cours des dernières années. Voir notamment Jacques Royer, «The Long-term Impact of Disarmament Policies: Some Findings from an Econometric Model», *International Labour Review*, vol. CXXV, n° 3, 1986.

ront à déterminer les conditions d'emplois et la qualité de vie future.

Les recherches sur le profil régional et local de l'emploi dans le secteur de l'armement font toutes état de profonds clivages dans la répartition des dépenses militaires au niveau géographique[23]. Il en découle évidemment des niveaux très inégaux de dépendance face aux activités militaires, ce qui entraîne d'importantes variations face à l'impact des compressions budgétaires sur l'emploi.

Encore ici, le cas américain est le plus éloquent. En 1990, les 14 zones urbaines les plus militarisées se partageaient plus de 40 pour cent du total des dépenses du Pentagone. Au chapitre de la recherche et du développement (R-D), la part des fonds obtenus totalisait plus des deux tiers des budgets consacrés à cette mission (*cf.* tableau 2). Cette étroite relation avec l'économie de défense implique évidemment des conséquences qui pourraient être désastreuses pour l'emploi local et régional. Une étude sur l'État du Michigan où se trouve la ville de Detroit démontrait récemment que le secteur de la défense emploie 28 pour cent des administrateurs, 16 pour cent des professionnels et techniciens, et 19 pour cent des ouvriers spécialisés, mais 36 pour cent des autres ouvriers qui composent la plus grande partie de la main-d'œuvre manufacturière de l'État. Cette recherche met en outre en relief la grande vulnérabilité de cette main-d'œuvre. Par exemple, dans plusieurs entreprises syndiquées de la région, le préavis de mise à pied est inférieur à 72 heu-

---

23. Voir notamment Michael J. Breheny, *Defense Expenditure and Regional Development*, Londres, Mansell Publ. Ltd., 1988. Pour la France: Jean-Dominique Merchet, «L'industrie d'armement française à l'ombre de l'État», *Le Monde diplomatique*, 8 mars 1988.

res[24]. Cette absence de protection ajoute au sentiment d'urgence face aux compressions budgétaires, interpellant ainsi l'ensemble des communautés locales.

TABLEAU 2

Les localités américaines les plus dépendantes des dépenses militaires, 1990

Localités	Part des dépenses (%)	Part des dépenses en R-D (%)
Los Angeles-Long Beach (Calif.)	7,2	19,7
Washington D.C.	4,2	5,4
Norfolk-V. Beach-Newport (Vir.)	4,2	0,0
St. Louis (Ill.)	3,8	1,1
Boston (Mass.)	3,1	9,1
Nassau-Suffolk (N.Y.)	3,0	4,5
San Jose (Calif.)	2,7	4,5
Philadelphie (N.J.)	2,2	1,5
Fort Worth-Arlington (Tex.)	2,1	2,4
Anaheim-Santa Ana (Calif.)	2,1	3,7
Seattle	1,7	3,9
Dallas (Tex.)	1,6	1,6
Denver (Coll.)	1,5	7,8
Detroit (Mi.)	1,0	2,3

Source: Burton Center for Development Studies, Université du Texas à Dallas, 1990.

Différents comités ont ainsi été mis sur pied dans la région de Los Angeles en vue de permettre une

---

24. Christopher A. Gohrband, Jeanne P. Gordus, «Defense Manufacturing Employment in Michigan: Possible Effects of Cuts in Procurement» dans Liba Paukert and Peter Richards, *Defense Expenditure, Industrial Conversion and Local Employment*, Genève, Bureau international du travail, 1991.

transition susceptible de sauver les quelque 120 000 emplois dont on prévoit l'élimination d'ici 1994[25]. Le même type de mouvement peut être observé partout dans le sud de l'État de Californie où doit disparaître près du quart des 754 000 emplois de l'industrie aéronautique qui est un des principaux soutiens de l'économie régionale. La région de Boston où 92,3 pour cent des contrats gouvernementaux sont d'origine militaire éprouve des problèmes comparables, 2 pour cent de tous les emplois doivent y disparaître selon une économiste de la Federal Reserve Bank of Boston[26]. Une estimation fondée sur un scénario de coupures qui apparaît fort conservateur situe à un niveau de 134 000 le nombre des emplois qui s'évanouiront en Nouvelle-Angleterre. Or en fouillant le cas de l'État du Massachusetts on a découvert qu'un tiers des emplois menacés fait partie de la catégorie des emplois les mieux rémunérés[27]. «*90's Will Be Anxious Times for a City Dependent on Defense*» titrait le *Washington Times* en janvier 1990[28]. Plus de 40 pour cent des contrats gouvernementaux effectués dans la région de Washington émanent du secteur de la défense. Au moins 100 000 emplois y seront perdus. La région de Long Island, lourdement frappée par les premières fermetures d'usines, annonçait déjà une perte nette de 20 000 emplois à l'été 1989[29]. Or, dans

25. «Who Pays for Peace?», *Business Week*, vol. II, n° 7, 1990.

26. Yolanda K. Henderson, «Defense Cutbacks and the New England Economy», *New England Economic Review*, juillet 1990, p. 54 et ss.

27. Massachusetts Dept. of Employment and Training, Field Research Service, *Defense Industry Profile*, juin 1989.

28. 29, 1, 1990.

29. «L. I. Solutions Center Give Practical Help», *Newsday*, Melville, 11, 4, 1991. Le Pentagone identifie donc Long Island parmi les régions qui seront affectées le plus lourdement par les coupures. Lors de la dernière récession dans l'industrie de l'armement entre 1969 et 1972, 8 000 emplois

cette région comme dans beaucoup d'autres, les contrats militaires ont permis de contrebalancer l'affaisse-
ment de la production manufacturière civile pendant
les années 80. Le moment est maintenant venu de
faire face au problème de fond de la désindustriali-
sation.

Aux États-Unis, comme dans d'autres pays, l'onde
de choc de la démilitarisation frappe donc très inéga-
lement des entreprises et des communautés qui n'ont
pas les mêmes ressources pour affronter le problème
des pertes d'emplois. Qu'en est-il au Canada? Les rares
travaux sur l'incidence économique des dépenses
militaires montrent que, bien qu'elle revête un caractère moins dramatique, la situation n'y est pas moins
préoccupante.

Le couperet dans l'emploi militaire se fait donc
sentir de façon très sélective, frappant plus en profondeur certaines catégories d'emplois, des régions ou
localités placées en situation de plus forte dépendance
et des entreprises qui ont opté pour une spécialisation
qui hypothèque leur capacité de redressement. Cette
situation complexifie la problématique d'intervention, notamment lorsqu'on dispose de peu ou pas de
politique de soutien au niveau micro-économique.
Les gouvernements répugnent de plus en plus à intervenir de façon discrétionnaire pour soutenir telle
entreprise ou telle région. Or la dynamique propre à
l'économie militaire a modifié sensiblement le profil
du développement au plan sectoriel et territorial,
suite à ce qu'il est tout à fait convenu d'appeler des
manipulations gouvernementales.

Nous sommes ici plongés dans un profond
dilemme. L'État peut-il et doit-il prendre en charge ce

---

d'ingénieurs y ont été à tout jamais éliminés. On prévoit que l'impact de la
présente période de décroissance sera très sévère.

pan de l'industrie qui est maintenant menacé par la décroissance des dépenses militaires, et comment doit-il le faire? On peut évidemment tout raser et rebâtir. Il est vrai que de la terre brûlée ressurgit une nature transformée. Mais quel en sera le prix au plan économique et social? Pour que renaisse une économie renouvelée, encore faut-il qu'émerge une volonté au sein des forces économiques en cause, principalement chez les premières intéressées, soit les entreprises militaires elles-mêmes. Avant de nous pencher sur le principe de l'intervention de l'État, jetons un bref regard sur les réactions qui sont actuellement celles des fabricants militaires.

La réponse des entreprises

On peut identifier six grands types de réponses au sein des stratégies que les entreprises déploient en vue d'affronter les coupures budgétaires dans le secteur militaire, soit (1) la compensation des pertes de marché par les exportations, (2) la restructuration, (3) la spécialisation, (4) le développement de technologies génériques, (5) la diversification et (6) la reconversion.

Développer les exportations

Les marchés de défense ayant dans plusieurs pays pour caractéristique d'être des marchés essentiellement nationaux, l'exportation apparaît comme la solution facile aux coupures budgétaires. La libéralisation accrue du marché de certains types d'armes et de pièces d'armes suite à l'effondrement du Pacte de Varsovie, le décalage de plus en plus évident dans l'armement entre les pays du nord et ceux du sud, l'impact de la guerre du Golfe qui a attiré l'attention sur des catégories d'armements encore inconnues dans nombre de pays et le mouvement d'intégration du complexe militaire au niveau international sont autant de facteurs qui militent effectivement en faveur d'un accroissement du commerce des armes. Plusieurs experts, comme Michael Clare, craignent une explosion du marché au cours des prochaines années[30], ce sur quoi misent précisément certains fabricants pour redresser leur situation.

En général, plus le niveau des exportations est bas, plus les espoirs sont démesurés. Il faut en effet être peu expérimenté dans le domaine des ventes d'armes à l'étranger pour investir autant d'espoir dans ce type de stratégie. Il faut prévoir, non pas une croissance, mais bien un resserrement du marché militaire international, comme l'indiquent les évaluations récentes du SIPRI[31].

À l'intérieur du bloc formé des pays industrialisés, la tendance qui se développe présentement favorise plutôt la recherche d'accords de collaboration impliquant le maximum de retombées au niveau national. Ces accords sont complexes et généralement placés sous la tutelle de très grandes sociétés quand ils ne sont pas carrément pris en charge par les gouvernements, ce qui contribue à la multiplication des embûches au niveau des entreprises peu familières avec ce genre de situation. Pour tirer son épingle du jeu, il faut donc être déjà placé en position stratégique dans les programmes internationaux, produire dans un pays dont la balance commerciale est déficitaire dans

30. Michael Clare, «L'Amérique et les leçons du Golfe. Vers une explosion du marché des armes», *Le Monde diplomatique*, avril 1990, p. 10-11.
31. SIPRI, *Yearbook 1991*, Londres, Oxford University Press, 1991.

le domaine de la défense ou posséder des atouts importants, soit sur le plan technologique, soit en ce qui concerne le prix de vente. Peu de fabricants disposent de tels avantages dans les pays qui sont de petits producteurs comme l'Italie, la Belgique ou le Canada.

Le Tiers-Monde est souvent présenté aux fabricants militaires comme une bouée de sauvetage. Toutefois, l'abaissement des niveaux d'armements stationnés en Europe suite à la signature du traité CFE a mis en disponibilité d'importants stocks d'armes qui, même bradés à des prix relativement bas, trouvent présentement difficilement preneurs. Les pays du Tiers-Monde sont en effet endettés à un point qui limite considérablement leur capacité d'achat. La politique en vigueur dans les pays encore capables d'accroître leur immobilisation en défenses — comme les pays nouvellement industrialisés, les pays producteurs de pétrole, ou les nouvelles puissances tels le Japon et l'Inde — favorise le développement d'industries locales. On y est donc souvent plus intéressé par les technologies et le savoir-faire que par l'achat d'armements proprement dit.

La communauté internationale évolue par ailleurs lentement vers la mise en place de mesures de contrôle qui donneront plus de visibilité aux ventes d'armes[32]. Cette démarche pourrait bien faire basculer la structure du commerce dans les pays où l'opposition à l'exportation d'armes est structurée. On se montre par ailleurs de plus en plus préoccupé par l'instabilité et la militarisation croissante de certaines

---

32. Voulant probablement faire office de modèle en ce domaine, le Canada a publié en mars 1991 son tout premier rapport annuel sur l'exportation d'armes. Voir Affaires extérieures et commerce extérieur Canada, Direction du contrôle des exportations et des relations commerciales spéciales, *Premier rapport annuel sur l'exportation de marchandises militaires du Canada, 1990*, Ottawa, mars 1991.

régions du monde, dont le Moyen-Orient, qui abrite des pays qui ont été très actifs sur le marché international des armes au cours de la dernière décennie. La conclusion d'un accord de paix dans la région pourrait à cet égard faire baisser considérablement la pression et se traduire par une diminution des achats d'armes. De toute façon, les États-Unis ont déjà clairement indiqué leur intention d'instaurer des contrôles auprès de ces pays en vue d'empêcher l'émergence de nouveaux conflits.

Les possibilités réelles de compenser les pertes encourues sur les marchés nationaux par les exportations sont donc limitées et une grande déception pourrait attendre la majorité des entreprises qui choisissent cette voie[33].

Restructurer l'entreprise

La seconde réponse est celle de la restructuration. Il s'agit sans aucun doute de la stratégie qui est retenue par le plus grand nombre d'entreprises. Plusieurs fabricants font en effet le choix de réorganiser leur structure de production de manière à demeurer fidèles au marché de la défense mais en assumant une réduction du volume de production. Dans la très grande majorité des cas, ce choix se traduit par des mises à pied, des ventes et même des fermetures d'usines. Ainsi, la multinationale Philips annonçait en janvier 1990 la vente de son usine canadienne de

---

33. À l'instar de plusieurs entreprises canadiennes de secteurs traditionnels qui ont tenté en vain de miser sur les exportations pour compenser les pertes subies sur le marché national, suite aux annonces de coupures dans les approvisionnements de l'armée canadienne. La société Les Arsenaux canadiens par exemple mettait au point en 1989 une stratégie de conquête des marchés extérieurs qui a cependant tourné court devant la crise généralisée dans l'industrie mondiale des munitions.

produits de défense, MEL Defense Systems, située à Sittsville en Ontario. Elle imitait en cela des dizaines de maîtres d'œuvre de l'industrie de défense américaine. Selon une étude de la firme Ernst & Young, la très grande majorité des administrateurs d'entreprises militaires s'attend au retrait de plusieurs leaders du complexe militaro-industriel au cours des prochaines années[34].

Ce mouvement s'accompagne présentement de la plus formidable vague de concentration que l'industrie ait connue. Depuis trois ans, on dénombre une cinquantaine de prises de contrôle majeures au niveau international. Certaines transactions comme l'achat de la division défense européenne de Philips par Thompson CSF ou celui de MBB par Daimler Benz ont modifié l'équilibre de secteurs stratégiques. Parmi les transactions marquantes, il faut également mentionner la fusion de la division défense de Olin et General Defense aux États-Unis et l'achat de Plessey par GEC en Grande-Bretagne. À travers ces transactions se manifeste une volonté plus ou moins avouée chez certains fabricants en faveur d'un accroissement de leurs activités dans le domaine militaire. Des entreprises comme Thompson CSF en France font en effet l'analyse que peu de grandes sociétés demeureront actives dans le marché, ce qui rendra disponible une masse considérable de contrats à celles qui auront profité de la situation pour consolider leur position.

34. Rick Wartzman, «Lockheed's Chief Faces His Biggest Test», *Wall Street Journal*, vol. XVI, n° 1, 1990.

Se spécialiser

D'autres entreprises procèdent à un resserrement de l'éventail des produits fabriqués par les usines, l'objectif étant d'identifier des niches à l'abri des coupures ou des créneaux où la position concurrentielle de l'entreprise est meilleure. Cette approche est plus populaire chez les fabricants de taille petite et moyenne. United Industrial par exemple développait en 1989 une politique corporative centrée sur certains types de munitions offrant des perspectives de production de longue durée et abandonnait les marchés plus irréguliers. Avant de fermer ses portes, la société québécoise IVI, également active dans le secteur des munitions, favorisait une stratégie similaire.

Dans la pratique, ces recentrements de production donnent généralement lieu à des opérations de restructuration susceptibles également de déboucher sur des mises à pied ou des fermetures.

Développer des technologies génériques

D'autres encore ont choisi une quatrième voie, soit celle du repli sur les technologies génériques, c'est-à-dire les technologies ou hybrides susceptibles de donner lieu à des applications civiles. Sans remettre en question l'activité d'origine militaire, l'effort de l'entreprise est alors canalisé vers des produits qui offrent des possibilités commerciales plus larges. Présentement, cette approche est particulièrement populaire chez les équipementiers et les sous-traitants de l'industrie aéronautique.

Depuis de nombreuses années, les gouvernements européens favorisent le développement de ces technologies, ce qui a objectivement contribué à solidifier la position de plusieurs entreprises qui sont d'ailleurs aujourd'hui beaucoup moins démunies devant le déclin du marché militaire. Les États-Unis ont suivi une autre voie en mettant l'accent sur l'émergence des technologies militaires les plus performantes. Cette politique a débouché sur de maigres résultats dans le domaine commercial, la tendance étant de favoriser des systèmes militaires dont les caractéristiques sont de plus en plus éloignées des besoins civils. C'est cette politique qu'on tente maintenant de corriger en introduisant des préoccupations civiles dès l'étape de la conception. Des programmes ont été mis en place[35] et quelques fabricants comme Hughes Radar Systems, Rockwell et Westinghouse orientent présentement leurs efforts en ce sens.

Nombre d'analystes croient cependant que le fruit est déjà pourri et que les prochaines générations d'armes accroîtront encore plus le fossé entre les produits militaires et civils. Les efforts déployés en direction des systèmes hybrides ne pourraient conséquemment pas combler les espoirs actuels et contribueraient en fait à accroître encore plus les coûts reliés à la mise au point des technologies. Il en coûtera toujours moins cher d'investir directement dans la mise au point de produits civils.

Se diversifier...

Avec la diversification, nous entrons dans le champ des stratégies qui proposent, sinon de rompre totalement avec la production militaire, tout au moins de réduire le niveau de dépendance de l'entre-

---

35. Comme les programmes d'antenne télémétrique, de supraconductivité et de superordinateurs.

prise face au marché de la défense. Nous verrons plus loin que la diversification recouvre des démarches fort différentes aux conséquences variées, mais qui ont cependant toutes en commun de renforcer l'interaction au marché civil. Il s'agit donc d'une approche qui, à notre sens, offre des perspectives à moyen/long terme beaucoup plus intéressantes à l'entreprise et à ses employés. À partir d'une stratégie de diversification, on peut notamment élaborer des politiques axées non plus sur la réduction, mais sur le maintien voire la croissance de l'emploi.

Même si certaines expériences de diversification ont été des échecs nous verrons dans les chapitres suivants qu'un grand nombre de projets se sont avérés bénéfiques pour les producteurs qui les ont mis de l'avant. Selon les chiffres disponibles, tout de même le tiers des entreprises de défense disent envisager sérieusement cette option[36]. Elles ne le font pas seulement dans l'optique d'une réduction des commandes militaires, mais aussi souvent par épuisement devant la complexité grandissante du processus d'attribution des contrats de défense. C'est essentiellement cette dernière raison qui a amené près de 80 000 entreprises à quitter le marché américain de la défense entre 1982 et 1987, alors que prévalait une situation d'abondance au niveau des contrats[37]. D'autres fabricants, comme Dhiel ou Krauss-Maffei, engagés dans des secteurs appelés à décliner comme la fabrication de navires de guerre et de chars d'assaut, se tournent vers la diversification pour une simple question de survie.

---

36. Leo Reddy, *How U.S. Defense Industries View Diversification*, Washington, Center for Strategic and International Studies, 1991, p. 7.
37. James Blackwell, *Deterrence in Decay: The Future of the U.S. Defense Industrial Base*, Washington, Center for Strategic & International Studies, 1989.

... Ou reconvertir

La reconversion est le dernier type de réponse apporté au déclin des budgets de défense. Il s'agit cependant d'une approche qui ne suscite pas un bien grand enthousiasme auprès des milieux d'affaires. Les entrepreneurs ne s'opposent pas nécessairement à l'idée de reconvertir leurs entreprises par principe ou par conviction militariste. Les exemples de reconversion civile réussie sont peu nombreux étant donné qu'on n'a jamais vraiment investi dans cette approche et qu'on a refusé de la soutenir par l'attribution d'un financement adéquat. Étant donné que la reconversion n'est souvent envisagée que lorsqu'il est trop tard, il ne faut pas s'étonner de son faible taux de succès.

L'opposition des milieux d'affaires découle également de la structure même des organisations industrielles dont ils ont la responsabilité. Les usines militaires ont implanté des mécanismes de production et de R-D qui ne correspondent pas aux schèmes de la production civile, mais à ceux de la production militaire. Pour plusieurs entreprises, reconvertir signifie changer l'infrastructure de production de l'entreprise, apprendre les règles de nouveaux marchés, adapter la main-d'œuvre, bref, remplacer la vieille entreprise par une nouvelle, mais en préservant les ressources de l'ancienne. Il serait évidemment, dans leur optique, beaucoup plus simple de fermer l'usine militaire et d'en ouvrir une nouvelle, consacrée cette fois à une vocation civile.

Surmontant tous ces préjugés, quelques entreprises ont pourtant mené avec succès, mais probablement trop discrètement, des réorganisations qui ont débouché sur la reconversion de leurs activités de production. Nous verrons que plusieurs projets de reconversion sont présentement à l'étude et que les zones d'action de la reconversion ne manquent pas.

Il ne faut donc pas s'illusionner devant l'apparente diversité de solutions de rechange qui s'offre aux entreprises militaires. Il n'y a fondamentalement que deux avenues: demeurer fidèle au marché de la défense quitte à décroître avec lui, ou tenter de s'en affranchir en réduisant partiellement ou totalement sa dépendance militaire. Cette dernière approche est, à notre avis, la seule apte à prendre en compte les intérêts des travailleurs et des communautés pour lesquels le désarmement est devenu synonyme de leur propre déchéance économique. Le dossier du désarmement met en opposition directe les intérêts nationaux que tous, dans l'abstrait, associent volontiers à la réduction des armements, et des intérêts locaux où les activités militaires plongent leurs racines dans les communautés, les gens, leurs emplois, bref dans le monde concret. Cette contradiction n'est pas simple à résoudre, car le désarmement interpelle des éléments de la politique économique dont le contrôle échappe totalement aux communautés locales. L'attitude des gouvernements, comme l'a souligné le rapport Thorson il y a quelques années, est un élément important de la solution pour l'industrie militaire[38].

---

38. C. Z. Lin, «Employment implications of defense Cutbacks in China», dans Liba Paukert et Peter Richards, *Defense Expenditure, Industrial Conversion and Local Employment*, Genève, Bureau international du travail, 1991.

La réponse des gouvernements

Face à la problématique de la diversification et de la reconversion, les États peuvent en gros être divisés en trois groupes: les économies dirigées, les États d'orientation libérale et les États interventionnistes.

Dans la catégorie des économies dirigées, deux cas surgissent spontanément. Il s'agit de la Chine et de l'Union soviétique. En juin, le gouvernement chinois amorçait un vaste programme de démobilisation impliquant le retour à la vie civile d'un million de militaires, marquant la conclusion d'un processus entrepris près de 10 ans plus tôt et qui avait précédemment ramené d'importants contingents de soldats à la vie civile. Cette compression des effectifs a évidemment affecté lourdement les bases militaires et les industries de défense du pays. Suite à une décision adoptée en 1979, l'État central a pris en charge le virage vers la production civile. D'importants budgets ont été alloués à cette mission depuis 1987 avec l'objectif précis de réorienter l'effort industriel vers la production de biens de consommation destinés au marché national et au marché d'exportation.

La reconversion des industries de défense est au cœur de la politique soviétique, où l'État tente de planifier la réorientation de la capacité de production de son complexe militaire vers la fabrication de biens de consommation. Ce processus a déjà donné lieu à la réorganisation de plusieurs usines et à la formation d'une partie des 4,5 millions de travailleurs de l'armement[39]. Il en va, bien entendu, de la nature même des économies dirigées de confier à la machine d'État la

---

39. A. Samorodov, «La reconversion de l'industrie de la défense soviétique et ses conséquences pour la main-d'œuvre», *Revue internationale du travail*, vol. CXXIX, n° 5, 1990.

responsabilité d'assumer l'exécution des objectifs économiques définis par l'administration gouverne-mentale. Il n'y a donc pas à s'étonner que la reconversion y ait donné lieu à une prise en charge par l'État.

Dans ces économies, la démarche la plus naturelle aux administrateurs gouvernementaux consiste donc à introduire des mécanismes de transition appuyés par une logistique qui repose simultanément sur les instances centrales et locales, mais où ces dernières sont cantonnées dans un rôle d'exécution. Le contrôle économique et financier des opérations est sous la juridiction directe de l'État central. Le gouvernement soviétique a bien été contraint de décentraliser le processus, mais le système n'arrive que difficilement à se transformer dans la pratique. La démocratisation économique est aux prises avec d'importants problè-mes qui illustrent les limites du nouveau «socialisme de marché» à réformer l'ancienne «économie de com-mandement[40]». Cela fait en sorte que l'effort de recon-version ne s'opère que difficilement, à travers un processus qui est plus caractérisé par la confusion que par la cohésion.

Par ailleurs, les forces conservatrices et militaris-tes demeurent influentes en URSS et la réorientation de l'économie vers la production de biens de consom-mation se heurte à un barrage politique et idéologique parfois efficace. Enfin, la machine soviétique demeure encore aujourd'hui le modèle même d'une hyper-bureaucratie sclérosée où la passivité des administra-teurs est un frein objectif aux réformes. Avant d'ériger en modèle la démarche de reconversion économique dont les Soviétiques se font les promoteurs, il con-vient donc d'analyser de plus près la nature des

40. Voir David Mandel, La Perestroïka, Québec, Presses de l'Université du Québec, 1990.

actions qui sont véritablement entreprises sur le terrain.

La situation est fort différente à l'Ouest. Très peu de gouvernements reconnaissent l'existence des problèmes industriels soulevés par la militarisation. On comprendra dès lors qu'ils soient peu enclins à prendre en charge la réorientation de l'économie de défense. En analysant en profondeur le cas américain, Seymour Melman met en lumière les causes de cette absence de volonté. Étant donné qu'il n'existe pas à proprement parler d'économie militaire séparée, comme cela est par exemple le cas en Union soviétique, et que l'évolution des dernières décennies a déprécié le rôle de la production de biens au profit d'une structure économique centrée sur la recherche technologique et le développement de l'industrie de service, écrit-il, on ne voit vraiment pas pourquoi il faudrait se préoccuper des malheurs de l'industrie militaire[41].

Plusieurs analystes américains pensent que les programmes de soutien aux entreprises sont déjà suffisamment nombreux et que l'accent doit plutôt être placé sur la lutte au déficit budgétaire gouvernemental. Le désarmement se mène donc présentement sans planification aux États-Unis. Notons au passage que le gouvernement canadien a des vues sur le sujet à peu de choses près identiques à celles du gouvernement américain, à ce détail près qu'il est plus porté à pratiquer une forme sélective de laisser-faire accompagné d'un «interventionnisme de nécessité[42]» qui se traduira souvent par des interventions discrétionnaires auprès des entreprises. On laissera sombrer celle-ci,

41. Seymour Melman, *The Demilitarized Society*, Montréal, Harvest House, 1990.
42. Le mot est de Christian Deblock, «Cause d'un modèle de développement industriel et impasse de la politique économique. Le cas du Canada», *Interventions économiques*, n⁰ˢ 14-15, printemps 1985.

mais on financera par centaines de millions le redressement de celle-là. Avec une telle philosophie économique, il n'est évidemment pas question de reconnaître l'existence d'une problématique aussi générale que celle de l'impact économique du désarmement. L'attitude des gouvernements qui puisent leur inspiration dans le libéralisme économique explique pourquoi la plupart des actions concrètes en matière de diversification et de reconversion des industries militaires sont menées au niveau local et régional, autour de dossiers très précis où le soutien des communautés locales, en devenant possible, est l'assise du front de lutte contre les instances nationales.

En Europe l'approche gouvernementale est tributaire de l'attitude plus générale face aux politiques industrielles. Au cours des deux dernières décennies, on s'est en général montré plus ouvert face aux politiques d'ajustement destinées au redressement de secteurs ou de sous-secteurs et une certaine forme de tradition s'est développée en ce qui a trait à la prise en charge du développement technologique. L'État y a donc parfois développé des approches qui permettent de saisir non seulement les problèmes isolés de chaque entreprise, mais aussi ceux de communautés d'entreprises. D'importants clivages existent néanmoins.

Les pays de tradition plus interventionniste et plus directive comme la France présentent des dispositions plus grandes à gérer le changement «par le haut», c'est-à-dire à partir du sommet de la machine de l'État. Le pays fait présentement l'expérience de ses toutes premières réductions budgétaires dans le domaine de la défense. On peut présumer que si le processus s'accentue, ce qui est loin d'être acquis à cause du rôle confié au secteur de la défense, l'État s'engagera directement dans la réorientation de l'industrie.

Les pays de tradition sociale-démocrate comme les pays scandinaves ont abrité d'importants mouvements pacifistes au cours des années quatre-vingt. Il en est résulté une dynamique qui a favorisé une plus grande intervention gouvernementale dans le désarmement en général et une plus grande ouverture face à la question particulière de la reconversion des industries militaires. Nous verrons dans les prochains chapitres que plusieurs expériences de reconversion y ont d'ailleurs bénéficié d'un soutien étatique direct.

À l'autre bout du spectre, l'Angleterre s'est en général laissée porter par la vague conservatrice et s'est repliée sur un libéralisme économique plus orthodoxe[43]. Comme aux États-Unis, les tensions se sont multipliées entre les niveaux local et national, Londres ayant eu jusqu'à maintenant plutôt tendance à ignorer le problème, mais la situation est en train de changer[44].

La tradition très particulière de l'Allemagne en matière d'intervention de l'État où coexiste un discours interventionniste et une orientation pratique plus libérale fait en sorte que peu d'ouverture s'est manifestée face aux conséquences économiques du désarmement. Ici également, la balle est essentiellement demeurée dans le camp local.

Ce rapide survol de l'approche des gouvernements illustre bien le fait qu'une longue route reste à parcourir avant que prennent forme de véritables politiques de réorientation de l'industrie de défense susceptibles de réconcilier les intérêts d'État et ceux des communautés, des usines et des travailleurs touchés

---

43. Voir Stephen Dale, «Conversion Blocked in U.K., U.S.A. and Canada», *Press for Conversion*, n° 4, janvier 1991.
44. John Lovering, «Diversification Policies in Defense Dependent Local Economies: Current British Experience», *Local Economy*, vol. IV, août 1989.

par le désarmement. La tendance dominante, lorsqu'elle ne traduit pas une hostilité ouverte au principe même de l'intervention gouvernementale, favorise nettement une approche interne à l'entreprise,
c'est-à-dire avec les moyens dont dispose cette dernière, pour résoudre les problèmes d'adaptation à la
baisse des commandes militaires. Or, nous avons
démontré qu'il est loin d'être certain que ces entreprises développées dans le cadre de la militarisation
des années quatre-vingt ont en main les outils requis
pour faire face à la situation. Mais il va de soi qu'on ne
peut pas uniquement s'en remette à l'État pour résoudre le problème. L'engagement des forces internes de
l'entreprise est indispensable au succès de tout effort
de relance hors du marché militaire.

CHAPITRE 2

Diversifier ou reconvertir, de quoi s'agit-il au juste?

Parmi toutes les stratégies entrepreneuriales, deux offrent des avenues orientées vers la réduction de la dépendance des entreprises à l'endroit du marché de la défense. Il s'agit de la diversification et de la reconversion. Ces deux approches ont pour dénominateur commun de préparer une forme de transition vers l'économie civile centrée sur l'objectif de sauver entreprises et emplois. Elles se présentent également comme la cheville ouvrière de plans d'adaptation aux nouvelles conditions économiques pour les régions dépendantes de la production militaire. Il s'agit conséquemment non pas de démarches visant le renversement d'un quelconque ordre établi, mais le maintien de l'équilibre socio-économique. En ce sens, ces deux stratégies sont sans aucun doute les instruments les plus susceptibles de résoudre cette contradiction entre les intérêts locaux et les intérêts nationaux qui a transformé tant de projets de désarmement en lutte à finir entre les gouvernements et les populations touchées.

Mais en quoi consiste la diversification et la reconversion? Depuis qu'Américains et Soviétiques ont amorcé le processus de réduction des armements, ces deux concepts sont utilisés pour caractériser un assemblage disparate de discours, de projets et de démarches plus concrètes. Il nous apparaît donc essentiel, avant d'aller plus loin, de nous pencher sur le sens de ces mots.

La diversification

Les dictionnaires s'accordent pour définir la diversification comme l'action de varier, de se rendre différent. On peut donc dire que la diversification suppose la production et la commercialisation de produits nouveaux, qu'elle implique une démarche visant à varier les activités de l'entreprise. On aura deviné qu'une telle démarche peut difficilement s'appliquer aux firmes dont le marché s'effondre totalement et qui font face à la fermeture. La base de l'opération de diversification suppose en effet le maintien, au moins pendant un certain temps, de la production déjà en cours dans l'entreprise dans l'optique d'une transition progressive dont l'objectif est de réduire la dépendance face aux marchés traditionnels, soit le marché militaire pour ce qui nous concerne.

La diversification des entreprises de défense impliquerait donc un déplacement d'activité vers le marché civil. L'idée qui est à la base de la diversification n'est pas uniquement de protéger le chiffre d'affaires ou de préserver les emplois, mais aussi, ce qui est peut-être plus fondamental encore, d'ouvrir l'entreprise à une vision différente de la mission de son organisation productive.

On aura compris que toute forme de diversification à l'intérieur même du marché militaire ne peut en aucun cas contribuer à la réalisation de cet objectif.

Il existe cinq types de diversification: la diversification de marché, la diversification géographique, la diversification de portefeuille et la diversification de production.

La diversification de marché

La diversification de marché consiste essentiellement en la recherche de débouchés civils pour des produits militaires. Cette formule est plus populaire dans les pays qui favorisent le développement de technologies génériques ou hybrides, soit des technologies susceptibles de s'appliquer de correspondre en même temps aux spécifications civiles et militaires. Certains efforts ont été faits en ce sens, mais avec plus de succès en Europe qu'aux États-Unis. Même sur le continent européen, les résultats demeurent peu spectaculaires. Très souvent, les ouvertures sur les marchés civils ne franchissent pas le stade de la théorie, les coûts de production étant trop élevés parce que définis sur la base de critères militaires. Il devient dès lors difficile de concurrencer les technologies déjà adaptées aux conditions des marchés civils.

Ce type de diversification peut présenter un intérêt plus certain lorsqu'il s'agit de nouveaux produits, mais il faut dès lors disposer des ressources requises pour en financer l'introduction commerciale. Un peu à l'instar de General Electric aux États-Unis et de Marconi au Canada, les entreprises qui investissent dans cette direction le font dans l'optique de développer des marchés d'appoint dont le but premier est de maintenir la viabilité de leur production militaire et, surtout, leur accès aux budgets de R-D en provenance des programmes militaires. Il s'agit sans aucun doute de la forme la moins engageante de diversification.

La diversification géographique

Cette forme de diversification qui consiste en un déplacement géographique de la production est plus difficilement accessible aux entreprises de défense. En effet, les relocalisations d'usines s'opèrent générale-ment vers les pays du Tiers-Monde ou les nouveaux pays industrialisés (NPI) où est disponible une main-d'œuvre à bon marché. Les gouvernements des pays industrialisés craignent les conséquences qui pour-raient être celles d'une telle diversification et de nom-breux obstacles ont été dressés de manière à limiter les activités de production de leurs fabricants militaires à l'extérieur des cadres établis par les grandes alliances comme l'OTAN ou NORAD. Mais la tolérance est plus grande lorsque les armements en cause sont des armements conventionnels parvenus à la phase de maturité et déjà vendus librement sur le marché international. Du coté du Tiers-Monde on est par ail-leurs hésitant à laisser le contrôle d'usines de défense à des intérêts étrangers. La pratique la plus courante est d'acheter la technologie, parfois une usine clef en main, et de confier la formation des ouvriers et ingé-nieurs au fabricant d'origine. La propriété de l'entre-prise demeure nationale. Ce genre de transaction amène une nouvelle source de revenu au vendeur et donne accès à un contrôle sur la fabrication de ses armements à l'acheteur. Chaque phase de récession dans le secteur militaire a, dans le passé, donné lieu à un effort de commercialisation plus étendu au Tiers-Monde qui s'est traduit par des transferts de technologies. Certains pays comme le Brésil, la Corée et l'Égypte ont largement misé sur les transferts de technologies pour constituer des complexes militaires qui exportent maintenant à leur tour leur armement.

Les entreprises peuvent aussi recourir à la diversification géographique pour se rapprocher des grands marchés. Les exigences des administrations nationales en matière de retombées économiques ou d'accord de contreparties impliquent dans presque tous les pays l'obligation de transférer une partie de la technologie vers le pays client en plus d'établir parfois certaines exigences dans le domaine de la création d'emplois. Un fort mouvement se dessine depuis quelques années en direction des États-Unis qui demeurent, malgré les compressions, le plus important marché au monde pour les producteurs d'armes. De très nombreuses firmes européennes comme l'Aérospatiale de France par exemple ont acquis des installations aux États-Unis en vue d'avoir accès à une fourchette plus grande de contrats. Mais les limites d'une telle stratégie risquent d'être vite atteintes dans l'actuel contexte de baisse généralisée. Seuls quelques très grands fabricants dont l'objectif est de se constituer en multinationale de l'armement sont en position pour tirer avantage de la régression des marchés et peuvent donc tirer leur épingle du jeu avec une stratégie de diversification régionale. La formule est loin d'être une garantie de succès comme en témoignent les difficultés de la société européenne Oerlikon venue au Canada pour vendre ses système ADATS à la défense nationale et disposer d'un accès privilégié au marché américain. Or le programme américain a été annulé et il n'est pas exclu que l'usine canadienne doive fermer ses portes dans un jour prochain.

La diversification de portefeuille

La diversification de portefeuille repose essentiellement sur une opération financière d'achats et de ventes d'entreprises. La plupart des grands maîtres d'œuvre de l'industrie de la défense sont d'importants conglomérats financiers dont l'emprise peut parfois s'étendre à plusieurs dizaines d'établissements susceptibles d'évoluer dans divers champs de spécialité. La multinationale allemande Daimler-Benz par exemple a un éventail d'activités qui va de l'avion de chasse ultramoderne à la simple machine à laver. Signalons que la diversification de portefeuille est difficilement accessible aux entreprises de taille plus modeste car celles-ci ne disposent pas des leviers financiers requis.

Dans presque tous les grands groupes, le rendement des divisions militaires décline, ce qui incite à l'achat de nouvelles entreprises dans les secteurs civils. La société américaine Textron par exemple a amorcé une telle diversification récemment suite à l'achat du fabricant de petits avions commerciaux Cessna. Un concurrent, Raytheon, a fait de même avec l'achat de Beech Aircraft.

Si ce genre de diversification peut contribuer à assurer la survie des grandes superstructures financières qui chapeautent les grands groupes, elle n'offre aucune garantie aux unités de base. Au cours des dernières années, un grand nombre de transactions du genre se sont traduites par des rationalisations qui ont débouché sur des fermetures d'usine et des mises à pied.

La diversification de production

La diversification de production est plus suscep-tible de s'adresser aux unités de production, car elle implique une modification de la structure de produc-tion d'une usine en vue de lui permettre de s'engager dans la fabrication de nouveaux produits. Dans le cadre d'un processus de transition vers le marché civil, ce dernier type de diversification est sans aucun doute celui qui, en pratique, se rapproche le plus de la reconversion et est le plus susceptible d'offrir les garanties recherchées au plan de l'emploi comme à celui de la stabilisation des économies locales et régionales. Il s'agit également de la formule qui offre les perspectives les plus intéressantes en ce qui concerne la réduction de la dépendance face au marché de la défense.

La gamme des mesures concrètes qui s'offrent à l'entreprise est étendue. Martin Marietta par exemple s'est donné dans son plan d'action de 1987 l'objectif de diversifier sa production vers le secteur civil, mais en demeurant fidèle aux marchés publics. Cette com-pagnie travaille notamment à un programme visant la mise au point d'un lanceur de satellites à partir de la technologie développée pour le missile Titan. D'autres entreprises prennent des virages plus radi-caux en ciblant des marchés totalement nouveaux. Le constructeur aéronautique Grumman par exemple s'est lancé dans un programme de diversification qui l'a mené en 1987-1988 à mettre au point un nouveau concept de camions postaux[1].

---

1. «Grumman: Moving Beyond the Wild/Blue Younder?», *Business Week*, vol. I, n° 2, 1988.

Les points de vue sur la question

Ce dernier type d'expérience de diversification suscite une vive controverse. Dans un article paru l'an dernier, un des cadres supérieurs de la firme américaine spécialisée dans les prises de contrôle Wassertein Perella & Co. affirmait que les méthodes de gestion du secteur militaire ne sont pas adaptées aux contraintes du marché civil, que les exigences propres aux programmes militaires ne permettent que très difficilement à une entreprise de disséminer ses ressources financières et humaines dans des domaines peu ou mal connus.

Les échecs de diversification ont été trop nombreux pour que nous puissions faire abstraction de ce genre de critique. En effet, il existe un risque intrinsèque à la diversification, mais ce risque peut être minimisé grâce à une démarche bien préparée et bien planifiée. Il importe notamment de bien évaluer le potentiel de l'entreprise et de cibler des marchés qui ne soient pas trop éloignés de ce que l'entreprise connaît déjà. Il faut également assurer une certaine stabilité au marché traditionnel de l'usine avant d'amorcer le processus de diversification en vue d'éviter un dérapage généralisé qui pourrait être fatal. La diversification de production ne peut donc pas s'opérer à court terme. Il s'agit d'une démarche qui doit forcément impliquer un cheminement progressif, ce qui soulève inévitablement la question du niveau auquel elle doit être entreprise et des moyens qui doivent être mis en œuvre pour la réaliser. Nous revenons sur cette question au chapitre cinq.

La diversification peut être externe ou interne à l'entreprise, ce qui signifie qu'elle peut être menée à différents niveaux qui n'impliquent pas nécessairement le renforcement de chaque unité de base. Les gouvernements des provinces de l'Ouest canadien par exemple poursuivent depuis plusieurs années une politique de diversification de leur économie qui n'implique aucunement l'application des bénéfices de cette diversification dans chaque entreprise.

Dans le cadre d'une étude sur les problèmes de l'industrie militaire de Long Island, Martin Melman propose une stratégie de diversification régionale fondée sur une série de principes qui suggèrent une transformation majeure du parc industriel. Bien qu'il admette sa préférence pour le maintien des usines en place, l'application de sa proposition entraînerait vraisemblablement la fermeture de plusieurs entreprises et la création de plusieurs autres, recrutées notamment dans les industries à croissance rapide[2]. Il préconise la mise en application d'une politique de diversification axée également vers le support aux communautés, le développement de produits exportables, la recherche d'alliances entre les universités et les entreprises, le recyclage de la main-d'œuvre et la création de banques de développement régionales.

Peu favorables à ce point de vue, McKersie et Sergenberger affirment que la première forme d'ajustement structurel des économies se doit d'être interne à l'entreprise en vue d'éviter les chambardements économiques improductifs. À leur avis, la diversification interne coûterait également beaucoup moins cher, en permettant d'éviter les frais inhérents à la création d'entreprises, au coût de l'élimination d'emplois et à la réinsertion des travailleurs sur le marché du travail[3].

2. Martin Melman, *Cutbacks in Defense Spending: Outlook and Options for the Long Island Economy*, Business Research Institute, 1989.
3. David Wadley, *Restructuration régionale, analyses, principes d'action et perspectives*, Paris, OCDE, 1987, p. 58-59.

Il ne faut cependant pas en déduire que la diversification peut se faire sans soutien externe. Une enquête menée dans la région de Washington a montré que le principal obstacle à la diversification des entreprises militaires n'est pas intérieur, mais extérieur à l'entreprise, mettant en cause la véritable muraille économique que représentent les politiques d'approvisionnement en défense. Ces politiques reposent sur un système qui est à maints égards l'antithèse de l'économie civile. Par exemple, la productivité, qui est pourtant la clef du rendement et de la rentabilité dans les marchés civils, n'est que très rarement prise en compte dans les marchés militaires, où l'accent est plutôt mis sur les capacités techniques et la fiabilité du produit. Cela entraîne souvent des coûts excessifs en matière de contrôle de la qualité. Par ailleurs, les militaires incitent les entreprises à se doter de systèmes de production conçus spécifiquement pour répondre aux normes militaires, même lorsque cela signifie que le volume de production sera réduit considérablement.

Dans un tel contexte, on peut comprendre que les entreprises identifient elles-mêmes ces règles de production comme leur principal handicap face à la diversification[4]. On peut ajouter qu'il serait irresponsable de les laisser se lancer à la conquête des marchés civils sans aucune forme de support et sans prévoir des mécanismes de transition. La diversification des industries de défense exige donc un encadrement qui implique forcément une forme d'intervention qui doit être coordonnée non seulement aux niveaux local et régional, mais également au niveau national.

---

4. Leo Reddy, *How U.S. Defense Industries View Diversification*, Washington, Center for Strategic and International Studies, 1991, p. xi-xii.

La reconversion

Contrairement à la diversification qui présume le maintien d'au moins une partie de la production militaire, la reconversion propose un changement complet de la vocation de l'entreprise. Il s'agit donc d'une approche privilégiée dans les secteurs où les capacités d'ajustement sont limitées, soit à la suite d'importantes relocalisations de la production civile comme dans l'industrie navale et celle du vêtement, ou plus simplement à cause de l'inexistence de marchés civils dans le domaine d'expertise où l'entreprise évolue, comme c'est le cas pour les usines de fabrication d'ogives nucléaires.

La reconversion peut revêtir diverses dimensions: elle peut être organisationnelle, économique ou politique.

La dimension organisationnelle

La reconversion peut poursuivre l'objectif organisationnel de maintenir la production et l'emploi d'une entreprise ou d'une installation militaire à un niveau égal ou supérieur. Il faut cependant établir une distinction claire dans la mission qui peut être celle de la reconversion. Le concept recouvre une variété de problématiques qui peuvent s'opposer à l'occasion[5]. La reconversion peut en effet s'adresser à une entreprise où il s'agira de trouver de nouveaux mandats de production à l'usine et à ses travailleurs, mais elle peut aussi concerner des secteurs entiers où elle deviendra

---

5. Comme en témoigne le compte rendu d'une conférence sur le sujet tenue sous l'égide de l'Ontario Federation of Labour en 1989. Voir «Unions talk conversion, Words into Ploughshares», *Ploughshares Monitor*, décembre 1989, p. 20.

une politique industrielle de portée plus étendue. Elle peut enfin viser des installations militaires comme des bases, elle s'ouvrira alors sur le recrutement de nouveaux utilisateurs de ces installations ou la création de parcs industriels. Mais la préservation de l'emploi demeurera le principal dénominateur de ces différents types de reconversion.

La dimension économique

Mais la reconversion recouvre surtout un enjeu économique. À ce niveau toutefois, une certaine ambiguïté subsiste. Certains auteurs parlent de reconversion pour identifier toutes les formes de renouvellement du tissu économique[6]. Quelques ouvrages établissent notamment un parallèle étroit entre la situation qui prévaut dans l'industrie de l'armement et celle d'autres secteurs. La jonction est cependant souvent périlleuse comme en témoigne un livre récent dont l'objet est d'établir un parallèle entre les pertes d'emplois dans l'industrie de défense américaine et celles qui affecteront l'ensemble de l'économie manufacturière suite à l'adoption de nouvelles mesures environnementales[7].

Il apparaît donc important de bien délimiter le champ de la reconversion. À notre avis, il est préférable de ne pas confondre reconversion et politiques d'ajustement ou politiques industrielles. Ces deux derniers concepts présument des interventions concentrées sur les mises en valeur des capacités d'un

---

6. Voir par exemple «La reconversion de la main-d'œuvre», *Futurible*, mai 1990.
7. Lucida Wykle, Ward Morehouse et David Dembo, *Worker Empowerment in a Changing Economy*, New York, Apex Press, 1991.

milieu ou d'une communauté donnée[8]. La reconversion interpelle l'usine directement. Elle fait appel à la réutilisation d'une ancienne installation militaire afin d'en faire un atelier de production civil.

Cependant, il est vrai que l'affectation de la mission d'usines en fonction de nouveaux impératifs industriels n'est pas un phénomène exclusif au secteur militaire. Il arrive à l'occasion que des usines engagées dans la production civile changent de produits pour se lancer à la conquête de nouveaux marchés. Cela s'opère toutefois généralement à l'intérieur d'un cadre minimalement familier à l'entreprise en ce qui a trait à la gestion, la mise en marché, les contacts avec le client, etc. Le concept de reconversion vise à mettre en évidence ce qui distingue le passage d'une organisation de production de biens de défense à une organisation de production de biens civils.

Il faut bien comprendre que lorsqu'on quitte le secteur militaire pour se lancer dans la fabrication de produits commerciaux, on change totalement d'univers, laissant derrière non seulement le produit comme tel, mais également tout ce qui entoure son système de production et sa commercialisation.

Pour ces raisons, nous devons écarter les définitions trop larges de la reconversion[9]. On fait fausse route en situant le processus de transformation de l'économie militaire au même niveau que les autres types de mutation industrielle. La force de la lutte

---

8. John E. Lynch, «Adjustment and conversion policy issues» dans *Economic Adjustment and Conversion of Defense Industries*, Boulder, Westview Press, 1987.

9. Bertch et Shaw par exemple la considèrent comme la «réallocation du capital, du travail et des autres ressources d'un type de production vers un autre en vue de délimiter les conséquences négatives d'une transformation majeure du marché sur une entreprise». K. Bertsch, L. Shaw, *The Nuclear Weapons Industry*, Wash, Investor Responsibility Research Center, 1984.

pour la reconversion réside dans ce qui la distingue et ce n'est pas en s'appuyant sur une définition vide de sens que l'on pourra bâtir un mouvement vigoureux et efficace.

La majorité des chercheurs qui se sont penchés sur la délimitation du champ couvert par la reconversion insistent sur le caractère exclusif et original du passage d'un système de production militaire à un système de production civil. La reconversion peut être largement définie comme un changement de la production des armes à la production de biens de consommation civile à travers l'adaptation de la technologie militaire, des capacités de base et du capital existant[10]. Le point de vue retenu par plusieurs syndicats, dont ceux de l'AFL-CIO, va dans ce sens[11]. Seymour Melman, qui fait autorité dans le domaine de la reconversion rejoint ce point de vue, mais en y ajoutant des éléments de précision qui ont le mérite de mieux circonscrire encore la nature des actions en cause. Il écrit:

> La reconversion du militaire au civil inclut la formation, la planification et l'exécution des changements organisationnels, techniques, occupationnels et économiques requis pour réorienter les industries manufacturières, laboratoires, institutions d'entraînement, bases

---

10. B. Habor, «Defense Electronic Before and After 1992» dans G. Locsley, *1992 and the Information and Communication Technologies: Transforming the European Community*, Frances Printer, 1990.
11. Dans Jeff Faux, Lloyd Dumas et Gordon Adams, *Economic Conversion, Labor Perspective on Jobs and Military Spendings*, 1985, ronéotypé. Cette idée est très clairement exprimée dans la définition suivante: «Un processus planifié pour développer des usages alternatifs à la force de travail et aux installations engagées dans la production militaire dans un contexte de changement de politique susceptible de produire des fermetures ou des ralentissements dans ces installations.»

militaires et les autres installations apparentées d'une fonction militaire à un usage civil[12].

Cette dernière définition fait allusion au principe d'une démarche planifiée. Il est vrai que la reconversion recouvre un champ d'intervention complexe qui englobe une partie importante de l'économie et, qu'à ce titre, elle suppose la mobilisation de ressources organisationnelles, financières et économiques importantes[13]; il est vrai également que tout cet effort doit forcément être déployé à long terme, cette démarche doit être menée dans l'ordre et la cohésion, ce qui suppose un minimum de planification. Mais alors que s'effondrent les économies planifiées et que s'effectue le retour en force du laisser-faire dans le monde occidental, nous sommes en droit de nous interroger sur le genre de planification dont il peut ici être question. Rappelons notamment que la planification telle qu'on a pu la concevoir dans les années 60, c'est-à-dire globale et centralisée, a été un échec un peu partout dont au Canada et au Québec.

Une grande partie de la solution à ce problème réside dans l'approche face aux entreprises et aux communautés. À un certain niveau de généralité, il est évident que, compte tenu des ressources qui doivent être déployées pour la réaliser, la reconversion implique obligatoirement une forme de soutien de la part de l'État. Plus encore, «la reconversion ne peut être autre chose qu'un enjeu national[14]». Plus le pays en cause est aux prises avec des problèmes structurels

---

12. Seymour Melman, *The Demilitarized Society, Disarmament and Conversion*, Montréal, Harvest House, 1990.
13. E.V. Bugrov, «Conversion conceptual and Practical Aspects», *End Papers*, automne 1989.
14. Joe Mihevc, «The Case for Conversion, the Military in Canada», *Studies in Political Economy*, été 1987, p. 119.

de renouvellement de son bassin d'entreprise, comme cela est par exemple le cas au Canada, plus l'enjeu revêt une dimension nationale. Les analystes les plus critiques à l'endroit des expériences menées au niveau local affirment même qu'il est indispensable de définir un cadre global et donc national à la reconversion pour que la formule puisse donner des résultats positifs[15]. Les démarches isolées ignoreraient la réalité d'un complexe militaro-industriel où les entreprises sont liées les unes aux autres. Il faudrait donc entreprendre le travail partout en même temps, avec les mêmes outils, et seul l'État, qui est aussi l'organe responsable de la gestion des budgets de défense, serait en mesure de mener cette tâche à bien.

Dans le monde actuel où l'interaction est de plus en plus étroite entre les niveaux international et local, il n'est pas évident qu'on solutionnera efficacement le problème de l'adaptation des entreprises militaires en localisant le pouvoir de décision au niveau national. Il faut donc très certainement promouvoir un encadrement adapté aux enjeux locaux. On pourrait par exemple mettre sur pied des instances sectorielles ou des centres régionaux qui seraient responsables de la détermination des modalités d'intervention auprès des entreprises[16]. Dans cet esprit, le centre de gravité de la structure de planification doit se situer le plus près possible du niveau local, soit incidemment là où se trouvent les organisations qui supportent l'idée et là

---

15. Jonathan Feldman impute l'incapacité de définir une démarche claire au Massachussets au blocage des autorités locales. Voir Jonathan Feldman, «Converting the Military Economy Throught the Local State: Local Conversion Prospects in Massachusetts», *Bulletin of Peace Proposals*, vol. XIX, n° 1, 1988.
16. I. Iudin, «Economic Aspects of Reducing the Armed Forces and Conversion of Military Production», *Problems of Economics*, n° 32, mars 1990.

également où, en bout de piste, devront nécessairement être menées toutes les expériences concrètes[17].

La planification doit conséquemment être comprise comme l'organisation d'une politique fondée sur
l'étroite collaboration de l'ensemble des paliers affectés
par le processus et non pas comme une relation d'autorité du sommet vers la base.

La dimension politique

Ces dernières réflexions sur la nature de la planification nous introduisent à la dimension politique de
la reconversion. La reconversion peut être comprise
«comme un apport structurel, fonctionnel, institutionnel et idéologique pour un changement d'une
économie politique de guerre froide au désarmement
et à un nouvel ordre mondial[18]». La reconversion
devient l'instrument économique nécessaire à la réalisation de l'objectif politique de désarmer. L'action de
reconvertir peut alors prendre son sens dans la nécessité de définir une stratégie économique axée vers
l'emploi dans l'optique de faire avancer la cause du
désarmement[19].

Depuis plusieurs années, les groupes pour la paix
considèrent la reconversion comme une revendication susceptible de faire le pont entre eux et les syndicats présents dans l'industrie militaire. Lisa R. Peattie
affirme de façon très explicite que la reconversion est

---

17. Plusieurs organisations, dont le Alternative Study Group de Grande-
Bretagne, sont finalement arrivées à cette conclusion et concentrent leur
action au niveau local.
18. S. Mathuchidambaram, *From Swords to Ploughshares: an Evaluation
of the US Legislative Attempts of Economic Conversion*, Université de
Régina, 1989.
19. Suzanne Gordon, Dave Mofadden, *Economic Conversion: Revitalysing
America's Economy*, Cambridge, Mass., 1984.

un mouvement politique qui s'adresse essentiellement à la base économique qui supporte consciem-
ment ou non la course aux armements[20]. Se voulant
probablement plus réaliste, Mihevc la voit surtout
comme le point de départ de ceux qui ont pour préoccupation première l'emploi plutôt que la paix[21]. Quel
que soit le bout par lequel on y accède, il est évident
que la reconversion se présente comme un terrain de
rencontre privilégié.

Certaines organisations pacifistes encore très
influentes considèrent qu'il ne suffit pas de reconvertir; cette action doit contribuer à la formulation
d'une stratégie de développement apte à lutter contre
une certaine vision de la croissance qui a amené l'hu-
manité entière à dilapider ses ressources dans des productions inutiles. Très radical, Southwood affirme
même que la finalité de la reconversion doit être
l'abolition pure et simple des armements[22]. De cette
préoccupation a émergé l'idée de ne reconvertir que
dans les biens socialement utiles. Cette dernière définition offre de concilier les intérêts économiques et les
intérêts environnementaux. La reconversion se
présente ici comme l'instrument d'une démarche
environnementaliste. Bien enraciné dans certaines
régions d'Europe, ce projet à caractère encore plus
politique n'est pas véritablement parvenu à s'implan-
ter en Amérique du Nord. Il s'agit d'une dimension
de la question qui reste à débattre. Les résistances face
aux revendications des environnementalistes sont
encore nombreuses non seulement dans les milieux

20. Lisa R. Peattie, «Economic Conversion as a Set of Organizing Ideas»,
Bulletin of Peace Proposals, vol. XIX, n° 3, 1988, p. 11.
21. Joe Mihevc, «The Case for Converting Military in Canada», *Studies in
Political Economy*, été 1987.
22. Peter Southwood, *Desarming Military Industries: Turning an Outbreak
of Peace Into an Enduring Legacy*, Londres, MacMillan, 1991.

patronaux, mais également chez les travailleurs et dans une partie de leurs organisations. À l'autre bout du spectre, les militants écologistes les plus radicaux rejettent en bloc la structure de production industrielle. Pourquoi alors lutter contre les fermetures d'usines? Entre ces deux positions subsiste un immense espace pour une négociation qui reste à faire.

Maintenant que la roue des relations internationales tourne dans le sens du désarmement, faut-il craindre le désinvestissement des groupes pacifistes? Il faut reconnaître que l'ardeur de plusieurs organisations s'émousse depuis quelques mois. Or, parce que leurs emplois sont menacés, les travailleurs des usines d'armements ont plus que jamais besoin du soutien politique le plus large. En l'absence d'une solution de rechange comme la reconversion, la lutte ouvrière risque d'être moins réceptive au progrès économique et social sur lequel peut s'ouvrir le désarmement pour se replier sur une stratégie strictement défensive d'opposition aux coupures dans les contrats militaires et de rejet du progrès social. La résistance est déjà vive aux États-Unis.

L'ONU soutient toutefois que la reconversion est un facteur critique pour la réalisation politique des objectifs de désarmement[23]. Elle n'a rien perdu de son sens politique, au contraire, elle est est devenue la cheville ouvrière du processus concret de démantèlement d'une partie du complexe militaro-industriel. Plus encore, elle est le canal par lequel pourra s'établir un consensus entre les différents niveaux du pouvoir gouvernemental, entre la machine d'État et l'entreprise privée, entre les patrons et les travailleurs ainsi

---

23. ONU, «Economic and Social Conséquences of the Arms Race and Military Expenditures», *Disarmament*, vol. XI, n° 3, automne 1988.

qu'entre les organisations syndicales et les groupes pacifistes en faveur d'un désarmement centré sur la revitalisation économique.

La reconversion propose donc un mécanisme de transition vers une économie plus forte, mieux équilibrée et un instrument de rupture avec la logique improductive de l'économie militaire, mais une rupture centrée sur le soutien à l'emploi et le respect des travailleurs et des communautés touchées. Même si la reconversion s'adresse au secteur militaire, il s'agit d'un programme qui est porteur de changements structurels de portée étendue pour nos économies.

CHAPITRE 3

La reconversion/diversification aux États-Unis et au Canada

Les initiatives en faveur de la reconversion/ diversification aux États-Unis sont nombreuses et variées. Nous les examinerons tant aux niveaux national, que régional (les États) et local. Nous analyserons aussi les expériences dans les entreprises et les bases militaires. Enfin, nous chercherons à identifier les principaux organismes qui revendiquent la reconversion, les outils qu'ils utilisent dans leurs campagnes de sensibilisation, les législations et les projets de loi qui touchent la reconversion, et les études d'impact sur l'industrie militaire qui sont, la plupart du temps, le point de départ des revendications en faveur de la reconversion.

Les initiatives nationales de reconversion

Même si certains groupes et individus aux États-Unis prônent la reconversion depuis une quinzaine d'années, le mouvement a pris de l'ampleur dans les cinq dernières années, et surtout depuis 1989. Depuis la fin de la guerre froide, les pressions en provenance des États, des groupes sociaux et des villes se sont accentuées pour une réduction des dépenses militaires et pour un transfert des ressources en faveur d'autres priorités, notamment la santé, l'éducation, le logement et les infrastructures.

Tant au niveau national, que régional et municipal, de nombreuses études ont souligné les effets négatifs des dépenses militaires. D'une part, on a démontré que les investissements dans l'industrie militaire créent moins d'emplois que dans la plupart des autres secteurs de l'économie. D'autre part, les investissements en R-D militaire produisent de moins en moins de retombées civiles. La fin du «boom» militaire a provoqué une prise de conscience tant au niveau régional que local, où plusieurs études ont été entreprises par des groupes de travail gouvernementaux et par des groupes sociaux sur les impacts des dépenses militaires et le potentiel de diversification. Au niveau syndical, l'International Association of Machinists and Aerospace Workers (IAM) appuie activement la reconversion depuis plusieurs années. Récemment, d'autres organisations syndicales ont commencé à intervenir, notamment en faisant pression en faveur d'une législation nationale en faveur de la reconversion/diversification. Il s'agit, par exemple, de l'International Brotherhood of Electrical Workers, de l'Oil Chemical and Atomic Workers, de l'International Union of Electricians, et du United Auto Workers.

Organisations nationales pour la reconversion

Center for Economic Conversion

Le Center for Economic Conversion, situé dans la Silicon Valley en Californie, constitue le plus important organisme national de coordination et d'information pour les initiatives de reconversion/diversification. Fondé en 1975, le Centre cherche à éduquer et sensibiliser la population américaine sur la nécessité de trouver des alternatives réalistes aux dépenses militaires excessives, et à faciliter le processus de reconversion vers une économie plus attentive aux besoins sociaux et environnementaux. Ses objectifs organisationnels sont de créer un mouvement populaire important, conscient des problèmes engendrés par la dépendance militaire et appuyant activement les solutions de rechange à la production militaire, de stimuler une réflexion sur l'utilisation des ressources libérées par une réduction des dépenses militaires, et d'agir comme catalyseur dans l'élaboration de plans de reconversion économique aux niveaux de l'usine, des bases militaires, des communautés, des États ou de la nation.

Les programmes gérés par le Centre comprennent trois volets: l'aide à l'organisation, l'éducation publique et l'information[1]. L'aide à l'organisation inclut la tenue d'ateliers sur la relance économique des régions dépendantes des dépenses militaires, l'élaboration de plans de reconversion pour les bases militaires en voie de fermeture, la planification de stratégies de reconversion pour les municipalités et les États, y

---

1. Center for Economic Conversion, *Conversion Organizer's Update*, Californie, novembre 1989.

compris la recherche de productions alternatives, la rédaction de projets de loi pour la reconversion, et la coordination des campagnes en faveur de la reconversion.

La sensibilisation et l'éducation du grand public constituent un autre volet fondamental de l'action du Centre. Depuis 1976, le Centre publie quatre fois par année le journal *Plowshare*, qui fait état des différentes expériences et stratégies de reconversion aux États-Unis et à travers le monde. Il produit aussi des livres, articles, manuels d'organisation, bibliographies et vidéos sur l'industrie militaire et la reconversion/diversification. L'équipe permanente du Centre présente des séminaires et des conférences un peu partout aux États-Unis sur les avantages de la reconversion.

Enfin, le Centre assure la coordination nationale pour les États-Unis de toutes les informations et ressources disponibles sur la reconversion. Il a notamment monté dans ses locaux un important centre de documentation sur l'industrie de défense, l'économie militaire, et la reconversion/diversification. Il est à noter que le Centre est une organisation sans but lucratif financée par ses membres et plusieurs milliers de souscripteurs.

Jobs With Peace

Fondé en 1981, Jobs With Peace (JWP) a été impliqué dans plusieurs tentatives de reconversion/diversification au niveau local. Le groupe tente de canaliser le mécontentement des gens, particulièrement dans les villes, qui ont été victimes des coupures dans les programmes sociaux pendant les années 1980, alors que Ronald Reagan effectuait sa «relance» militaire. Jobs With Peace a réussi à tenir des référendums locaux (dont plusieurs furent gagnés) dans près de 90 villes, demandant une évaluation de l'impact des dépenses militaires sur l'économie locale et un transfert des fonds vers la santé, l'éducation, le logement et d'autres besoins sociaux. Récemment, le groupe a mis l'accent sur la nécessité que les réductions dans le budget militaire américain soient accompagnées d'un «dividende de la paix» pour l'environnement et les autres priorités socio-économiques de la nation. Outre la campagne «Peace Dividend Now!», qui demandait une réduction de 50 pour cent des dépenses militaires, Jobs With Peace a également coordonné les campagnes «Build Homes not Bombs», «Child Care Not Warfare» et «Health Care For All». Le 7 octobre 1989, JWP a dirigé une manifestation de 60 000 personnes au Pentagone à Washington pour demander le transfert de ressources militaires vers le secteur du logement[2].

Au niveau local, l'organisation a investi des efforts considérables pour faire adopter des projets de loi visant à appuyer la reconversion. Parmi les revendications législatives, notons l'assistance financière aux travailleurs affectés par des fermetures, des mesures rendant plus facile la création de coopératives ou le rachat de leurs entreprises par les travailleurs, un meilleur contrôle sur les fermetures d'usines et l'utilisation par les travailleurs de leurs caisses de retraite pour l'établissement d'entreprises contrôlées par eux.

L'essentiel de l'action de JWP se situe au niveau des États. En Pennsylvanie, par exemple, le groupe, en collaboration avec des syndicats et des organismes religieux, a coordonné plusieurs campagnes pour

---

2. Jobs With Peace, *Campaign Report*, Boston, Massachusetts, hiver 1990.

s'attaquer aux priorités budgétaires fédérales. Plus de 500 000 citoyens de sept comtés différents ont participé à des référendums sur les questions mises de l'avant par JWP, et 70 pour cent ont voté «oui». Le groupe a également mis sur pied un «Industrial Development Corporation» dans le but de formuler des stratégies de diversification pour le Philadelphia Naval Shipyard, dont les 9 500 emplois sont menacés à cause des réductions dans les dépenses militaires. JWP maintient trois organisations permanentes à Pittsburgh, Philadelphie et Delaware County.

Sane/Freeze

Sane/Freeze est né du regroupement de deux organisations nationales qui se sont fait connaître par leur opposition à la prolifération des armes nucléaires, soit le Committee for a Sane Nuclear Policy et le Nuclear Weapons Freeze Campaign. Le groupe poursuit maintenant une stratégie et des objectifs qui sont semblables à ceux de Jobs With Peace. Présentes dans une trentaine d'États, les organisations locales de Sane/Freeze effectuent des recherches et sensibilisent l'opinion publique sur la nécessité de modifier les priorités budgétaires nationales, étudient les impacts locaux négatifs des dépenses militaires, militent en faveur de projets de lois facilitant la reconversion/ diversification, et élaborent des projets de reconversion au niveau des États et des municipalités. C'est le cas notamment dans les États du Maine, Texas, Nouveau-Mexique, New Hampshire, New York, Connecticut et Californie. Des conférences sur la reconversion ont également été organisées dans ces États. Une des plus grandes réussites du Sane/Freeze est sans doute l'adoption du *Defense Diversification Bill* par l'État de Washington. Cette législation est le résultat de trois ans d'efforts et de collaboration avec des groupes de travailleurs, des gens d'affaires, des organisations religieuses et des législateurs de l'État de Washington. Des campagnes similaires se poursuivent, notamment au Massachusetts, et au niveau national[3].

Depuis 1989, le principal outil de sensibilisation des organisations Sane/Freeze est le «Peace Economy Campaign». L'objectif est de mesurer l'impact du budget de la défense dans chaque municipalité et chaque région, et de forcer un débat sur les dépenses militaires au niveau local. Les citoyens sont encouragés à calculer de façon précise, à l'aide d'une démarche chiffrée préparée par Sane/Freeze, ce qu'ils contribuent au Pentagone et ce qu'ils en retirent en termes de dépenses militaires. Ils doivent ensuite examiner les dépenses fédérales dans des secteurs comme le logement, le transport, l'éducation et les programmes sociaux. Ils sont invités finalement à dresser une liste des besoins socio-économiques non comblés et à évaluer l'effet d'un transfert des dépenses militaires vers de nouvelles priorités socio-économiques. Sane/Freeze tente par ce moyen d'amener d'autres groupes — ceux qui luttent en faveur de garderies ou de logements à prix modiques, par exemple — à s'opposer aux dépenses militaires. Sur cette base, et aidée par le résultat des recherches, l'organisation a mené des campagnes d'information au niveau local, et a organisé de nombreuses réunions où des représentants politiques de tous les niveaux de gouvernement ont été invités.

---

3. Sane/Freeze, *Peace Economy Campaing*, Washington D.C., mai 1989.

Council on Economic Priorities

Les campagnes d'organismes comme Jobs With Peace et Sane/Freeze ont profité de l'assistance du Council on Economic Priorities (CEP), un groupe de recherche sur les questions d'intérêt public, qui cherche à promouvoir la responsabilité corporative et la paix mondiale. Le CEP existe depuis 20 ans et jouit d'une crédibilité importante au niveau national. Ses membres sont souvent invités à témoigner devant des comités du Congrès et participent aux débats nationaux dans les médias. Il a publié plusieurs études sur la course aux armements, y compris *Efficiency in Death* (Harper and Row, 1970), *Military Expansion, Economic Decline* (M. E. Sharpe, 1983) et *Star Wars: The Economic Fallout* (Ballinger/Harper and Row, 1987). De plus il distribue chaque mois à ses membres un «newsletter» et prépare, sur une base régulière, des rapports de recherche. Il mène à l'heure actuelle une recherche conjointe avec l'Académie des sciences de l'URSS sur «les dépenses militaires et les priorités économiques».

Soulignons que le Center for Organizational and Community Development, affilié à l'Université du Massachusetts, poursuit des objectifs similaires par l'entremise de son National Priorities Project[4]. Il s'agit d'évaluer globalement et dans tous les secteurs l'impact du budget fédéral au niveau local. On cherche, dans un premier temps, à analyser les besoins de la communauté et à examiner les priorités nationales. Dans un deuxième temps, on tente de déterminer qui bénéficie des dépenses fédérales. Ensuite, on définit et on revendique de nouvelles priorités budgétaires.

---

4. National Priorities Project, *American Priorities*, Center for Organizational and Community Development, University of Massachusetts, 1989.

Bien entendu, le budget militaire constitue la première cible de cet exercice budgétaire. Fait à noter, le National Priorities Project a établi un Community Worksheet qui permet d'établir de façon scientifique et précise les coûts/bénéfices des dépenses fédérales au niveau local, et d'identifier les priorités alternatives (transfert vers les secteurs sociaux par exemple). Afin d'aider les communautés à mener à bien cet exercice, on a également produit des «pages jaunes» pour le budget fédéral[5]. On y retrouve notamment une liste des principaux programmes sociaux, des groupes qui revendiquent ces programmes, des principaux programmes militaires et de leurs impacts, et des coupures à venir et souhaitables dans les dépenses militaires. Finalement, on explique comment organiser une campagne de sensibilisation tant au niveau communautaire que national.

Investor Responsibility Research Center

Parce qu'elles s'adressent directement aux actionnaires des principales entreprises américaines engagées dans la production militaire, les initiatives de l'Investor Responsibility Research Center (IRRC) présentent un intérêt particulier. L'IRRC a été mis sur pied par l'Interfaith Center on Corporate Responsibility, une coalition de plusieurs groupes religieux en faveur de la paix et de la reconversion. En 1978, en tant que détenteurs de petits blocs d'actions, les membres de l'Interfaith Center présentèrent des résolutions destinées aux actionnaires demandant aux principaux fournisseurs de la défense d'analyser la

5. National Priorities Project, *The Federal Budget Yellow Pages*, Center for Organizational and Community Development, University of Massachusetts, 1988.

reconversion vers la production civile. Ces résolutions furent destinées notamment aux actionnaires de
General Dynamics, GTE, Motorola, Honeywell,
McDonnell Douglas, Raytheon, Boeing et Textron.
Elles furent accompagnées d'études détaillées sur la
dépendance militaire des entreprises en question et
sur le potentiel de reconversion[6]. À partir de 1988, on
commença à mettre l'accent sur la diversification et
sur la responsabilité sociale des entreprises de maintenir l'emploi. Les entreprises s'opposèrent évidemment aux résolutions, mais, bien que celles-ci n'obtin-
rent l'appui que de 2,6 à 6,3 pour cent des actionnaires,
elles demeurent un outil intéressant et efficace pour
sensibiliser le grand public sur les problèmes liés à
l'économie militaire, et pour forcer les entreprises
intéressées à mettre carte sur table.

*The National Commission for Economic Conversion
and Disarmament*

Mis sur pied en avril 1988, au moment où
l'Union soviétique et l'Europe de l'Est vivent des
transformations politiques profondes, la National
Commission for Economic Conversion and Disarmament (ECD) cherche à promouvoir à la fois la réduction des armements et le redéploiement de l'économie américaine. La Commission tente, à travers des
forums publics et la publication de documents de
recherche, de sensibiliser la population sur les liens
entre le désarmement, le développement économique
et l'économie militaire. Elle cherche aussi à encourager dans les entreprises, les universités et les autres

---

6. Voir, par exemple, Investor Responsibility Research Center, *Economic
Conversion and Diversification: Emerson Electric. Co.*, Proxy Issues Report,
Washington D.C., 1988.

organisations non gouvernementales la planification de la reconversion vers l'économie civile. La Commission est dirigée par une quinzaine de commissaires, y compris les économistes John K. Galbraith et Lloyd Dumas, l'ancien sénateur George McGovern, George J. Kourpiaz, le président de l'International Association of Machinists and Aerospace Workers, Joseph Misbrener, président du Oil, Chemical, Atomic Workers International Union, Ted Weiss, représentant de l'État de New York au Congrès américain, Andrew Young, ancien maire d'Atlanta et Bernard Rapoport, président de l'American Income Life Insurance Company. Il s'agit donc d'un organisme «prestigieux» qui réunit à la fois des chefs syndicaux, des patrons, des universitaires et des représentants gouvernementaux.

La Commission publie cinq fois par année un «*newsletter*» intitulé *The New Economy*, et des rapports de recherche sur la reconversion et le désarmement. Elle a proposé un Save America Budget qui canaliserait 173 milliards de dollars par année dans les infrastructures, l'environnement, l'éducation, le logement et la santé. En mai 1990, la Commission organisa à travers le pays une cinquantaine de «town meetings» d'une journée pour permettre aux populations locales d'articuler leurs points de vue sur la nécessité de réduire les dépenses militaires. Cet événement, qui regroupa des milliers de personnes et qui reçut une bonne couverture médiatique, fut l'occasion pour réclamer un dividende pour la paix (peace dividend) suite aux réductions anticipées dans les dépenses militaires, et de revendiquer un projet de loi national pour favoriser la reconversion. Notons d'ailleurs que le principal objectif de la Commission était d'obtenir l'adoption de H.R. 101, *The Defense Economic*

Adjustment Act, une loi sur la reconversion appuyée par environ 70 représentants au Congrès américain[7].

Projets de loi nationaux sur la reconversion

C'est le sénateur George McGovern du Dakota du Sud qui fut le premier en 1964 à introduire au Congrès un projet de loi sur la reconversion. Cette loi prévoyait essentiellement une assistance financière aux travailleurs, entreprises et municipalités affectés par des coupures dans les contrats militaires. Elle fut présentée au Congrès dans des versions plus ou moins modifiées chaque année depuis ce temps, mais ne fut jamais adoptée par le Sénat ou la Chambre des représentants. La version actuelle du projet de loi, H.R. 101, *The Defense Economic Adjustment Act* a été présentée par le représentant Ted Weiss de New York. Il prévoit notamment:

— qu'un Defense Economic Adjustment Council soit établi, dont la fonction principale serait d'encourager et de coordonner des projets gouvernementaux pour créer des marchés pour les entreprises militaires désireuses de reconvertir leur production vers le civil;

— que des Alternative Use Committees soient mis sur pied dans toutes les entreprises liées à la défense employant plus de 100 personnes. Ces comités, formés de représentants des travailleurs et de la direction, auraient la responsabilité de préparer des plans de reconversion détaillés pour leurs entreprises;

— que divers avantages et programmes, y compris l'assurance-chômage, l'assurance-maladie, la for-

---

7. House of Representatives, U.S. Congress, *H.R. 101*, Washington D.C., 101 st Congress, 1st session, 3 janvier 1989.

mation de la main-d'œuvre et le remboursement pour la relocation, soient disponibles pour les travailleurs des entreprises engagées dans la reconversion;

— qu'un Workers Economic Adjustment Reserve Trust Fund, financé par les entreprises produisant du matériel militaire, serve à amortir les coûts nécessaires à la mise en œuvre de la législation (une taxe de 1,25 pour cent sur la valeur des contrats militaires).

En 1986, Sam Gejdenson, représentant démocrate au Congrès pour le Connecticut, introduit un projet de loi pour favoriser la diversification. L'*Economic Diversification Act*, contrairement à H.R. 101, n'oblige pas toutes les entreprises militaires à planifier pour la reconversion, mais prévoit plutôt que les régions ou communautés dépendantes des contrats militaires puissent obtenir des fonds du gouvernement américain pour mettre sur pied des comités formés de travailleurs, de dirigeants d'entreprises et d'élus locaux. Ces comités auraient «la responsabilité d'établir une planification pour diversifier la base économique des régions trop dépendantes de la production militaire, et d'assurer la mise en œuvre de cette planification par les gouvernements locaux et les agences de développement économique». Au niveau des entreprises, des ressources seraient affectées à des projets de diversification, et des fonds seraient injectés pour recycler les travailleurs de la défense vers des emplois civils. Le programme devrait bénéficier d'une injection initiale de 20 millions de dollars, mais dépendrait par la suite du bon vouloir du Congrès pour son financement annuel. Pour plusieurs analystes, il s'agissait d'un point faible de la législation.

En 1988, un *Economic Conversion Act* (HR 699) fut introduit par Nicholas Mavroules du Massachusetts. Ce projet de loi prévoyait notamment que le gouvernement donne aux communautés affectées par des annulations ou réductions de contrats du Pentagone un préavis d'au moins un an, qu'une subvention de 250 000 dollars soit accordée pour la planification et le recyclage à chaque fois qu'un contrat serait annulé, et que les travailleurs mis à pied reçoivent une compensation financée pour une période pouvant aller jusqu'à deux ans. Selon le projet de loi Mavroules, seules les communautés ayant perdu des contrats de plus de 10 millions de dollars seraient admissibles à l'aide gouvernementale, et le programme serait financé par les fonds qui étaient prévus pour le contrat annulé. Si la loi Weiss (HR 101) s'inspire des principales préoccupations du mouvement pacifiste, le projet Mavroules est davantage axé sur les préoccupations du mouvement syndical.

Au début de 1989, le «speaker» démocrate de la Chambre Jim Wright demanda aux membres du Congrès favorables à la reconversion/diversification de tenter de s'entendre sur un projet de loi unique, afin de maximiser les chances d'adoption. Ce nouveau projet fut déposé en juin 1990 et a reçu l'appui d'un grand nombre d'élus démocrates à la Chambre et au Sénat, y compris le leader de la majorité démocrate au Congrès, Richard Gephart. Plusieurs gouverneurs démocrates ont également soutenu le projet de loi. De même plusieurs organisations syndicales, y compris le United Auto Workers, l'IUE, l'IAM et l'AFL-CIO, le US Conference of Mayors (regroupant 500 maires de villes américaines) et plusieurs journaux, notamment *The New York Times* et *The Boston Globe* ont appuyé la nouvelle initiative. Le projet de loi propose que 100 millions de dollars en provenance du budget de la défense soient affectés aux milliers de travailleurs qui ont perdu ou perdront leur emploi dans la production militaire. En plus du recyclage, on prévoit notamment que la période d'admissibilité à l'assurance-chômage soit allongée de 26 semaines. Un autre 100 millions de dollars doit aider les communautés à développer des entreprises dans des secteurs non militaires. Selon les promoteurs de la législation, on devra éventuellement prévoir des coûts de 2 à 3 milliards de dollars par année pour la reconversion/diversification.

En 1990, le Congrès a adopté deux lois qui devraient apporter un soutien considérable aux initiatives de reconversion/diversification. La première prévoit des sommes de 7 millions de dollars pour que les communautés affectées puissent «planifier», de 50 millions de dollars pour des subventions au développement économique, et de 150 millions de dollars pour la formation, le recyclage et le placement des travailleurs mis à pied dans le secteur de la défense. La deuxième crée une Commission qui doit superviser les nouvelles fermetures de bases militaires en 1991, 1993 et 1995.

La reconversion/diversification au niveau des États

Les initiatives prises au niveau des États sont semblables à celles adoptées au niveau national. Elles comprennent des études sur les impacts des dépenses et des coupures militaires sur l'État, la présentation de projets de loi sur la reconversion/diversification et la mise sur pied de groupes de travail pour faciliter la transition vers la production civile. Examinons maintenant les expériences et les initiatives de quelques États américains.

Minnesota

Le Minnesota est un des États où le mouvement de remise en question des dépenses militaires est le plus avancé. À partir de 1985, des milliers d'emplois ont été perdus dans des entreprises comme Honeywell, Unisys, FMC et Control Data à cause d'une baisse des commandes militaires. L'État a mis sur pied un Economic Conversion Task Force, relevant du département du travail. Son mandat est de mettre de l'avant des projets pilotes avec les entreprises, et de leur fournir des appuis techniques et financiers pour planifier la reconversion/diversification. Ce groupe de travail a aussi le mandat d'effectuer de la recherche sur les secteurs économiques les plus vulnérables.

En mai 1989, le Task Force dépose un rapport intitulé *Military Production and the Minnesota Economy*[8]. Cette étude présente une évaluation détaillée de l'impact de la production militaire sur l'économie. Parmi les conclusions, notons que l'État du Minnesota a payé une quote-part de 4,7 milliards de dollars en 1987 pour le budget de la défense américaine, mais n'a recueilli que 2,9 milliards de dollars en contrats militaires, d'où un «déficit» de 1,8 milliard de dollars. La distribution géographique des contrats militaires favorise très largement les centres urbains au détriment des zones rurales. La production militaire a pour effet de redistribuer la richesse des régions plus défavorisées du Minnesota vers les centres déjà plus prospères, et donc d'accentuer les inégalités régionales.

Les contrats militaires sont concentrés dans un petit nombre de grandes entreprises. Cinq des 351 entreprises du Minnesota qui reçoivent des contrats du

---

8. Minnesota Task Force on Economic Conversion, *Military Production and the Minnesota Economy*, Saint Paul, Minnesota, mai 1989.

Pentagone comptent pour 85 pour cent de la valeur des contrats. Plus de 115 000 emplois, soit 5,5 pour cent de l'emploi total au Minnesota, dépendent directement ou indirectement des contrats militaires. Le secteur des biens durables s'avère particulièrement dépendant. Après la fabrication de missiles et de torpilles, ce sont le matériel informatique, les instruments scientifiques, ainsi que les communications et le transport, qui constituent l'essentiel de la production militaire.

L'étude se penche ensuite sur les effets économiques d'une coupure de 25 pour cent dans le budget de la défense, ce qui représenterait une réduction d'environ 606 millions de dollars dans les dépenses militaires effectuées au Minnesota. L'État perdrait alors 29 100 emplois et 2 246 millions de dollars en valeur de production. Si on fait l'hypothèse d'un transfert de ces ressources dans le secteur des programmes sociaux financés par l'État, un gain net de 9 424 nouveaux emplois en résulterait, ainsi qu'une augmentation dans la valeur globale de la production de 667 millions de dollars. En plus, le transfert des ressources amènerait une amélioration de la qualité de vie des citoyens et des programmes gouvernementaux, notamment dans les secteurs de l'éducation, de l'assurance-maladie, des garderies, du soutien agricole et de la formation de la main-d'œuvre.

Le groupe de travail fait trois recommandations:

1. L'État devrait effectuer une évaluation annuelle des impacts des dépenses militaires. En plus d'identifier les secteurs et les entreprises les plus vulnérables, il s'agirait d'examiner les productions et les marchés alternatifs, en fonction des technologies existantes et des qualifications de la main-d'œuvre.

2. L'État devrait mettre sur pied un programme de reconversion. Celui-ci inclurait notamment des fonds

pour former et recycler la main-d'œuvre, des ressources pour adapter et transformer les équipements industriels, et des initiatives pour développer des produits et des marchés alternatifs.

3. Les membres du Congrès en provenance du Minnesota devraient appuyer la mise sur pied d'un programme national de reconversion industrielle (H.R. 101), et un transfert, sans augmentation globale du budget américain, des dépenses militaires vers les priorités sociales.

En 1990, un projet de loi sur la reconversion fut déposé à la législature du Minnesota. Ce projet prévoyait la formation obligatoire d'«alternative use committees» dans toutes les entreprises obtenant des contrats militaires de plus de 1 million de dollars annuellement. Ces comités devaient être composés de nombres égaux de représentants de l'entreprise, des employés et de la communauté. Le mandat du comité serait de préparer un plan de diversification pour éliminer ou réduire la dépendance militaire. Ce plan incluait une liste de produits alternatifs et des ressources pour la formation et le recyclage de la main-d'œuvre. Le projet de loi prévoyait aussi un accès préférentiel aux programmes économiques de l'État pour les entreprises engagées dans la reconversion. À l'issue d'un vote très serré, la loi ne fut pas adoptée par la législature. D'autres tentatives sont prévues.

Washington

L'adoption du *Defense Diversification Bill* par la législature de l'État de Washington le 29 mars 1990 constitue une victoire majeure pour les groupes appuyant la diversification/ reconversion. C'est le résultat de trois ans d'efforts, notamment par le groupe

Sane/Freeze. Ce processus débuta en 1988 alors que la législature commanda une étude sur l'impact des dépenses militaires sur l'économie de l'État. Publié en mars 1989, et intitulé *US Military Expenditures: Their Impact on the Washington Economy*[9], le rapport constate que 209 000 emplois dépendent du militaire et que les dépenses liées à la défense s'élèvent à 5,8 milliards de dollars en 1987. L'étude prévoit aussi que, pour la période 1989-1991, 40 800 emplois seront perdus dans le secteur de la défense, en particulier dans l'aérospatiale, la construction navale et les services.

Le rapport aura donc servi d'annonce à l'adoption du projet de loi ESHB 2706. Ce *Defense Diversification Act* poursuit cinq objectifs: l'identification des firmes et des communautés qui dépendent de la défense; l'analyse et la prévision des changements dans les dépenses militaires, dans le but d'alerter et de préparer les entreprises et les communautés affectées; l'étude d'expériences de diversification dans d'autres États et d'autres pays; une aide technique pour la planification et le financement de la diversification; la formulation d'un plan global au niveau de l'État pour la diversification dans les communautés dépendantes du militaire. Le programme est géré par un Comité consultatif comprenant des représentants des syndicats, des entreprises, des organisations communautaires et des élus à la Chambre et au Sénat de l'État de Washington; le comité est, pour sa part, encadré par le Department of Community Development. Des fonds de 200 000 dollars ont été engagés pour le démarrage du programme, mais on s'attend à des déboursés beaucoup

9. State of Washington, *U.S. Military Expenditures: Their Impact on the Washington Economy*, rapport du Committee on Military Spending, Washington State, mars 1989.

plus importants dans les années à venir. Notons enfin que le projet de loi a reçu l'appui des syndicats, des groupes religieux et de plusieurs gens d'affaires.

Massachusetts

L'État du Massachusetts pilote présentement un projet de loi intitulé *The Economic Diversification Act*. Celui-ci prévoit que les agences gouvernementales existantes reçoivent le mandat d'appuyer la diversification tant sur le plan financier que technique. Les entreprises visées sont celles dont plus du quart du chiffre d'affaires se situe dans le militaire. Le projet de loi est appuyé par une trentaine de membres de la législature, et est soutenu par le Joint Committee on Commerce and Labor et la House Ways and Means Committee. En 1987, le Massachusetts a créé un Joint Commission on Economic Conversion. Celui-ci travaille sur un plan de diversification à long terme pour les régions dépendantes du militaire.

Dans le Maine, un rapport du Commission on Maine's Future a recommandé la création d'un Economic Conversion and Diversification Commission, formé de représentants des travailleurs, des dirigeants d'entreprises, et de groupes de citoyens dont les objectifs seraient, de concert avec le gouverneur et la législature, d'élaborer des plans et des soutiens financiers pour assurer le passage d'une économie militaire à une économie civile, de produire un rapport annuel sur les impacts des dépenses militaires et le potentiel de reconversion, et de faire pression sur le gouvernement fédéral pour aider le Maine à faire face aux réductions dans les dépenses militaires, et pour obtenir une planification nationale de la reconversion/diversification.

Pennsylvanie

À la législature de Pennsylvanie, 54 représentants, y compris 8 Républicains, ont proposé l'*Economic Adjustment Act* (HB 697). Ce projet de loi, contrairement à la plupart de ceux qui ont été présentés dans d'autres États, met davantage l'accent sur les initiatives et la planification locales[10]. Il prévoit la création d'un Economic Adjustment Board, composé de représentants en nombres égaux des travailleurs, des entreprises et de la communauté. Avec un budget initial de 2 millions de dollars, les principales fonctions du Board seraient de développer et de promouvoir une stratégie économique pour l'État. Il s'agirait notamment d'identifier les secteurs et entreprises instables ou en déclin dans les régions qui sont particulièrement affectées, et de planifier la transition vers de nouvelles productions avant que le processus de décomposition n'ait atteint un point de non-retour.

C'est par l'entremise d'Economic Adjustment Committees dans les régions et villes les plus touchées que l'Adjustment Board poursuivrait sa planification et ses interventions. Ces comités auraient pour mandat d'inventorier les ressources humaines, techniques et infrastructurelles dans la région, d'analyser les solutions de rechange, y compris le potentiel de reconversion/diversification, et de proposer des solutions visant à minimiser les difficultés liées aux fermetures, aux coupures de postes et à la délocalisation de la production.

L'introduction de l'*Economic Adjustment Act* s'explique par l'érosion croissante de la base industrielle et manufacturière de la Pennsylvanie, et par les

---

10. Jobs with Peace, *The Pennsylvania Economic Adjustment Act*, Philadelphie, Pennsylvanie, janvier 1990.

pertes d'emplois liées en partie à la stabilisation et à la réduction des dépenses militaires. Un grand nombre de comtés dans l'État ont perdu plus de 10 pour cent de leurs emplois manufacturiers, allant jusqu'à 60 pour cent dans Beaver County et 40 pour cent dans Allegheny. Les nouveaux emplois créés n'ont pas réussi à compenser les emplois perdus et se sont la plupart du temps situés dans le secteur des services, où les salaires sont généralement plus bas. Plusieurs entreprises ont fait faillite, ont réduit leurs opérations ou ont choisi de déménager. C'est le sentiment d'urgence à l'égard de l'évolution de la structure économique de l'État qui a favorisé une prise de conscience sans précédent. Pas étonnant donc que le projet de loi, piloté par l'organisation Jobs With Peace, ait reçu de forts appuis de la majorité des groupes religieux et communautaires, mais aussi des principales organisations syndicales, y compris l'AFL-CIO, les Steelworkers, les Autoworkers, les Service Employees, les Clothing Workers, et les employés du secteur public.

Connecticut

Le Connecticut est un État très dépendant des dépenses du Pentagone. Sur une base *per capita*, celles-ci sont trois fois plus élevées que la moyenne nationale. Un tiers de la main-d'œuvre du Connecticut est lié directement ou indirectement au militaire. De même, le secteur est responsable de 33 pour cent des exportations de l'État vers l'étranger. Le niveau de cette dépendance a rendu très difficile les efforts et initiatives en faveur de la diversification.

Au départ, les mouvements pour la paix ont suscité des réactions négatives de la part des travailleurs et des communautés dépendant du militaire en s'attaquant aux entreprises militaires elles-mêmes, sans se préoccuper des impacts sur l'économie locale. En plus, les élus du Connecticut, tant à Washington qu'au niveau local, se sont opposés à tout changement dans les priorités budgétaires fédérales, et ont effectué un lobbying intense pour conserver le niveau le plus élevé possible de dépenses militaires. Ils ont d'ailleurs été l'objet de pressions considérables de la part des entreprises militaires. Inquiet face aux réductions et aux coupures, le mouvement syndical n'a pas réussi à obtenir des «garanties» suffisantes pour promouvoir activement la reconversion. Et finalement, comme c'est souvent le cas, les chefs d'entreprises ont prétendu que toute planification en faveur de la reconversion/diversification constituait une attaque directe sur les droits de gérance.

Néanmoins, la chute des investissements militaires et le déploiement de nouvelles stratégies de la part des mouvements pacifistes ont créé un climat favorable pour des initiatives en faveur de la diversification. Comme en Pennsylvanie, on a réussi à créer un consensus autour d'une action plus globale pour combattre le déclin de l'industrie manufacturière (perte de 100 000 emplois entre 1977 et 1987). Un Task Force on Manufacturing a été créé par législation (HB 7607) en 1987, et a obtenu l'appui de l'AFL-CIO, de l'IAM, de l'UAW, du Connecticut Business and Industry Association (la plus importante association patronale de l'État), et du Greater Hartford Chamber of Commerce. Le groupe de travail, armé d'un mandat large, a réussi à produire une certaine «synergie» entre les élus, les patrons, les entrepreneurs et les syndicats autour des recommandations en faveur de la diversification manufacturière. Un sous-comité sur la diversification a d'ailleurs été créé, et a proposé des initiatives législatives pour renforcer le financement et les mécanismes de planification sous-jacents à la diversification.

Ohio

Avec plus de 6 milliards de dollars en contrats, l'État de l'Ohio se situe au huitième rang parmi les plus importants fournisseurs de la défense américaine. Plus de 200 000 emplois sont en cause. On estime à environ 1 500 les maîtres d'œuvre et à 4 000 les sous-traitants. Parmi les mieux connus, General Electric (25 pour cent du total des contrats) qui fabrique les moteurs des F-18, F-100 et F-16, General Dynamics, CFM, Harsco et Gould.

Selon Richard Celeste, gouverneur de l'État, l'accent sans précédent mis sur la défense dans les années quatre-vingt a eu des effets négatifs sur la position concurrentielle des États-Unis sur le marché mondial, et a également provoqué des inégalités régionales plus importantes. Face à l'«inévitabilité» du déclin du secteur de la défense, le gouverneur a entrepris de préparer la transition vers une économie moins militarisée. À son avis, ce sont les PME sous-traitantes qui auront le plus de difficulté à s'adapter. Il croit que les maîtres d'œuvre sont suffisamment diversifiés pour éviter le pire.

À son intisgation, l'État a tenu, les 23 et 24 janvier 1990, une conférence intitulée Economic Transitions for Ohio's Small Business Defense Contractors[11]. L'objectif était de sensibiliser les différents acteurs économiques, principalement les dirigeants de PME, à

---

11. Richard F. Celeste, *Economic Transitions for Ohio's Small Business Defense Contractors*, État de l'Ohio, janvier 1990.

l'égard du déclin des dépenses militaires et de la nécessité d'établir dès maintenant des stratégies alternatives. Fait sans précédent, on invita l'ambassadeur de l'URSS aux États-Unis à s'adresser à la conférence. Quelques semaines plus tard, le gouverneur, à l'occasion d'une mission commerciale en URSS, fut invité par le maire de Moscou à un échange d'informations sur la reconversion.

Plus de quatre-vingts entreprises participèrent au colloque. Ils assistèrent à des exposés de spécialistes dans le secteur des dépenses militaires et de la reconversion. Parmi les problèmes abordés, notons l'évolution du budget de la défense, les transferts technologiques, les marchés d'exportations, les programmes d'assistance financière et la formation de la main-d'œuvre.

Le gouverneur de l'Ohio commanda un rapport aux consultants Marketel Info-Systems Inc. (avec Taratec Corporation et Lorz Communications Inc.) pour examiner les effets potentiels pour l'État de réductions dans les dépenses militaires. L'étude, basée sur des entrevues avec 97 entreprises militaires, fut déposée en janvier 1990. Les deux tiers des entreprises affirmèrent que, si elles éprouvaient des difficultés importantes sur les marchés de la défense, elles demanderaient au gouvernement de l'aide pour diversifier la production. Parmi les recommandations du rapport, notons que l'État devrait offrir de l'aide à la mise en marché (notamment en participant à la recherche de nouveaux débouchés civils); il devrait améliorer la disponibilité de travailleurs spécialisés; il devrait promouvoir et financer les transferts technologiques aux firmes en difficulté; et des efforts particuliers devraient être consentis pour appuyer le développement du secteur de l'électronique. L'étude suggère enfin que l'aide aux PME liées à la défense

devrait devenir la première priorité des programmes
économiques de l'Ohio.

L'État de l'Ohio est considéré à l'avant-garde dans
la mise sur pied de programmes pour permettre aux
entreprises et aux communautés de réduire leur
dépendance face aux contrats militaires. À Dayton, par
exemple, on a établi l'Advanced Technology Center,
où, avec des fonds publics et privés, on aide les entrepreneurs à transformer la R-D effectuée au Wright-
Patterson Air Force Base en produits commerciaux.
Des percées récentes ont notamment été effectuées
pour les systèmes d'ordinateurs, le graphisme et les
membres artificiels.

La reconversion/diversification
au niveau local

C'est sans doute au niveau local que les initiatives
en faveur de la reconversion/diversification ont été
les plus nombreuses, les plus variées et probablement
aussi les plus concrètes. Parmi les moyens d'action, on
compte des études (dans certains cas, annuelles) sur le
niveau de dépendance de l'économie locale à l'égard
des contrats militaires, des résolutions des conseils
municipaux demandant au gouvernement fédéral de
réduire les dépenses militaires et de transférer les
ressources vers les besoins socio-économiques locaux,
l'adoption de lois créant des commissions municipales ou régionales pour la diversification, l'inclusion
dans les plans de développement économique à long
terme des villes d'une planification pour la reconversion, et des initiatives conjointes par les administrations locales, les entreprises, les travailleurs et les
collèges pour développer des nouveaux produits et

promouvoir la formation et le recyclage de la main-d'œuvre. Examinons maintenant quelques-unes des initiatives les plus importantes.

Long Island

À Long Island, dans l'État de New York, environ 12 pour cent de la main-d'œuvre totale et 33 pour cent de la main-d'œuvre manufacturière, dépendent de l'industrie de la défense. Une étude publiée par le Business Research Institute de Hofstra University en février 1989[12] faisait état de 3 000 pertes d'emplois liés à la défense en 1988, et prévoyait que plusieurs milliers d'emplois additionnels disparaîtront dans les années à venir. Effectivement, déjà en 1989, 20 000 emplois dans le secteur militaire ont été éliminés.

Selon l'Institut, l'adaptation économique nécessaire ne pouvant être laissée aux seules forces du marché, une approche régionale, avec la participation des citoyens, des gens d'affaires et des gouvernements, devrait être privilégiée pour promouvoir la diversification économique et la planification à long terme du développement de l'économie. Parmi les politiques suggérées, des aides financières et techniques aux communautés et entreprises pour la diversification dans la production civile, le développement d'entreprises de haute technologie, la création d'un Environmental Institute dans le but de promouvoir le potentiel industriel de la protection de l'environnement, le recyclage de la main-d'œuvre, la création d'une banque régionale de développement pour fournir du capital de risque aux entreprises en difficulté, et le

12. Martin Melkonian et Russel M. Moore, *Cutbacks in Defense Spending: Outlook and Options for the Long Island Economy*, Business Research Institute, Hofstra University, New York, février 1989.

transfert des ressources utilisées dans le secteur électronique de la défense à la production commerciale.

En avril 1991, l'Urban Development Corporation annonça une subvention de 50 000 dollars au Center for Practical Solutions, qui a été créé en 1990 pour aider les travailleurs de la défense mis à pied à acquérir une nouvelle formation et à s'intégrer sur les marchés commerciaux[13]. La subvention servira à constituer une banque de données pour mettre en contact les travailleurs de la défense en chômage et les employeurs civils. La cinquantaine de membres du Centre ont également développé des idées pour des nouveaux produits dans trois secteurs: la technologie appliquée à la musique, les jeux de divertissement, et la sécurité pour les enfants. Enfin, une alliance s'est constituée entre le Centre et l'Association for a Better Long Island, un groupe de promoteurs locaux, dans le but de mettre un terme à l'exode des cerveaux (notamment les ingénieurs et scientifiques) qui affecte Long Island. Au niveau des administrations municipales locales, on a mis sur pied un Peacetime Adjustment Commission. Celui-ci est composé d'une quarantaine de membres, y compris des représentants des gouvernements, du patronat, des travailleurs et des groupes communautaires. Il a été mandaté pour préparer un rapport sur les stratégies de diversification, et organise un forum pour les travailleurs de la défense en chômage.

---

13. James Bernstein, «Solutions Center Gets Practical Help», *Newsday*, Vol. XV, n° 221, 11 avril 1991.

Santa Barbara

La Californie est l'État américain où la production militaire est la plus considérable. Le gouvernement de l'État se considérant dans une large mesure «prisonnier» des entreprises et de la production militaires, peu d'initiatives ont été prises, si ce n'est la création d'un Joint Committee on the State's Economy qui étudie l'impact des dépenses du Pentagone sur l'économie de l'État, et du Federal Expenditure Working Group, qui a établi une banque de données pour analyser les dépenses fédérales en Californie. C'est donc au niveau local qu'on retrouve la majorité des actions en faveur de la reconversion/diversification.

Santa Barbara County, par exemple, dépend fortement des contrats du Pentagone; cinq de ses dix principales entreprises sont militaires. Suite à quatre forums publics en janvier et février 1989, le Conseil de Santa Barbara décida à l'unanimité de mandater l'Area Planning Council, composé de représentants des villes dans le comté, pour évaluer les possibilités de reconversion et entreprendre un dialogue avec les entreprises, les travailleurs et les gouvernements locaux. Il décida aussi d'appuyer les projets de loi en faveur de la reconversion au niveau national, et d'étudier les expériences de reconversion dans d'autres États et pays[14].

Dans Orange County, le Citizens Committee for Economic Security mène une forte campagne dans les 27 villes du comté pour faire adopter un Economic Stability and Diversification Resolution. Cette résolution prévoit la création d'une commission pour identifier les villes et entreprises du comté qui seront les

---

14. Greg Cross, «Economic Conversion in Santa Barbara», *Peaceletter*, vol. VII, n° 2, avril/mai 1989.

plus touchées par les coupures du Pentagone, et pour entreprendre avec les entreprises des démarches en faveur de la diversification. Plusieurs autres villes américaines tentent à l'heure actuelle de faire adopter des résolutions semblables.

Chicago

Le 12 mars 1986, le Conseil municipal de Chicago a adopté à l'unanimité une réglementation visant l'élimination graduelle, sur une période de deux ans, de toute activité reliée aux armes nucléaires sur son territoire. La création d'un Peace Conversion Commission (PCC) constitue sans doute l'aspect clé de la réglementation de Chicago. Parmi les sept commissaires, on retrouve deux représentants syndicaux, deux membres de groupes pacifistes, un universitaire, un avocat et un membre d'un ordre religieux.

La principale tâche du PCC jusqu'à maintenant a été la préparation d'un rapport dans le but d'identifier les producteurs d'armes ou de composantes d'armes nucléaires. Par la suite, on a l'intention de cibler une petite entreprise fabriquant des composantes d'armes nucléaires pour la reconvertir. Il s'agira essentiellement d'un projet pilote dont l'envergure sera nécessairement limitée, mais qui, selon le PCC, pourrait éventuellement avoir un impact politique important au niveau national.

Le processus de reconversion impliquerait trois acteurs: la compagnie, tant au niveau de la direction que des syndicats, le Peace Commission et le Department of Economic Development. Ceux-ci prépareraient d'abord un plan détaillé de la démarche à suivre. Le DED pourrait aider à financer l'opération, notamment par l'entremise de prêts sans intérêts, d'assistance technologique et de recherche en marketing. Le budget du DED se situant à 15 millions de dollars par année, l'organisme ne pourrait cependant participer à plusieurs opérations de ce genre.

Burlington

Le 15 août 1988, le Conseil municipal de Burlington au Vermont demanda au Community and Economic Development Office «d'évaluer et de faire rapport au Conseil concernant la vulnérabilité de l'entreprise General Electric à Burlington, et les possibilités de diversification vers la production civile[15]». L'usine de General Electric est un des principaux employeurs de la région, mais, entre 1987 et 1990, 50 pour cent des emplois ont été perdus. À cause des réductions dans les contrats militaires et l'octroi de sous-contrats à des firmes à l'extérieur de la région, il reste moins de 1 000 emplois dans l'usine. Le marché local de l'emploi ne peut absorber la plupart des travailleurs mis à pied, et, selon le rapport du Community Development Office, on peut s'attendre dans les années à venir à des pertes d'emplois additionnelles.

À un niveau plus global, les auteurs du rapport constatent que les citoyens du Vermont paient chaque année 600 millions de dollars en taxes fédérales pour le Pentagone, alors qu'ils ne reçoivent que 200 millions de dollars de contrats militaires, ce qui représente un déficit de 2 000 dollars par famille. On conteste aussi le niveau des dépenses militaires, et le manque de ressources dans des secteurs liés aux besoins essentiels des municipalités et de la popu-

---

15. Community and Economic Development Office, *Report to the City Council: General Electric and Economic Conversion/Diversification Planning*, Burlington, Vermont, août 1990, p. 1.

lation, y compris les infrastructures, l'éducation, l'environnement et le transport en commun.

Jusqu'à maintenant, la direction de General Electric a refusé de discuter formellement avec la ville de Burlington des possibilités de reconversion. L'entreprise prétend pouvoir demeurer rentable sans modifier ses lignes de production. Les gestionnaires locaux de l'usine, cependant, se disent ouverts à la diversification si des solutions de rechange rentables peuvent être trouvées. Au niveau syndical, même si l'International Union of Electrical Workers (IUE) appuie la diversification/reconversion, l'exécutif local (section 248), tout en poursuivant des discussions avec la ville, n'a pas encore accepté d'entreprendre des actions communes. L'IUE s'inquiète notamment de la volonté des groupes pacifistes de se retirer entièrement de la production militaire. Il craint aussi une réaction négative du siège social de GE au Connecticut.

Parmi les recommandations du Community and Economic Development Office, notons: la création d'un Mayoral Task Force, formé entre autres, d'élus municipaux, de dirigeants de GE et d'officiers syndicaux de la section 248, avec mandat d'obtenir un consensus parmi les participants sur la meilleure façon de faire avancer le dossier; l'analyse des qualifications et de l'expérience des travailleurs de GE, ainsi qu'une consultation quant aux possibilités de productions alternatives; l'évaluation des coûts sociaux et économiques d'une fermeture de l'usine; une étude formelle par un groupe de consultants identifiant des nouveaux produits et des nouveaux marchés pour l'usine General Electric; une analyse de l'impact des taxes payées au Pentagone et des contrats militaires reçus par la ville de Burlington, et une campagne de pression pour obtenir du gouvernement fédéral et de l'État du Vermont des législations pour faciliter la reconversion/diversification.

Baltimore

Suite à une longue campagne de Jobs With Peace, en 1986, les citoyens de Baltimore se prononçaient par référendum (61 pour cent en faveur) pour mettre sur pied un Development Commission pour «conseiller la ville sur l'impact des dépenses militaires, et recommander des politiques économiques et des moyens destinés à augmenter le nombre d'emplois civils». L'amendement à la Charte de la ville prévoit notamment le dépôt d'un rapport annuel, la tenue d'audiences publiques sur les dépenses militaires et leurs effets sur l'économie locale, et l'élaboration de politiques favorisant la reconversion/diversification.

Un premier rapport annuel de la Commission en 1988 démontre que 52 pour cent des impôts payés par les citoyens de Baltimore sont destinés au Pentagone, et que les fonds fédéraux alloués à la ville sont en déclin, provoquant ainsi une détérioration de l'ensemble des infrastructures et des services municipaux[16]. La Commission demande aux autorités municipales d'effectuer du lobbying pour faire adopter une législation nationale en faveur de la reconversion et pour réduire la part du budget fédéral consentie à la défense. Le rapport annuel de 1989 approfondit les critiques des priorités budgétaires fédérales et démontre que les citoyens de Baltimore reçoivent peu de retombées considérant l'importance de leur «investissement» dans le Pentagone. Les commissaires an-

16. Citizens Advisory Commission on the Impact of Military Spending, *Second Annual Report of the Development Commission*, présenté au City Council de Baltimore, octobre 1989.

noncent la création, de concert avec d'autres groupes de Baltimore, d'un Economic Conversion Committee qui doit étudier le potentiel de reconversion pour certaines entreprises de la ville. Ils recommandent aussi au maire d'engager davantage le bureau de la ville à Washington dans le débat sur les dépenses militaires et de commander une recherche à Employment Research Associates sur la situation de l'emploi, tant civil que militaire à Baltimore.

Les bases militaires

Les États-Unis ont connu beaucoup plus de succès dans la reconversion des bases que dans celle des entreprises. Il existe au sein du ministère de la Défense un Office of Economic Adjustment (OEA), qui a été créé en 1961, et dont le mandat est d'aider les communautés affectées par des coupures majeures dans les programmes de défense. L'OEA est dirigé par le secrétaire de la Défense et composé de 18 membres provenant d'agences et de ministères fédéraux. En pratique, l'Office of Economic Adjustment est intervenu dans environ 400 communautés qui étaient touchées par des fermetures de base. Le rôle de l'OEA, cependant, a été de réagir aux fermetures plutôt que de planifier la diversification/reconversion à l'avance et à long terme. Entre 1966 et 1986, les communautés touchées par les fermetures de bases ont reçu 503 millions de dollars du gouvernement fédéral pour reconvertir ou diversifier les installations militaires. Selon le ministère de la Défense, la plupart des 151 bases militaires fermées entre 1969 et 1979 ont réussi à se reconvertir vers des productions et des activités civiles[17]. En plus, on note une augmentation de l'emploi civil de 48 pour cent sur les bases reconverties. On retrouve notamment sur ces anciennes bases des parcs industriels, des bureaux, des aéroports, des collèges et des écoles techniques.

Raritan Arsenal à Edison au New Jersey, qui employait 2 600 travailleurs, a été fermé en 1965. L'ancienne base comprend aujourd'hui 200 bâtisses et on retrouve parmi ses nouveaux locataires Nestlé, American Hospital Supply et Middlesex Community College. Plus de 13 000 personnes travaillent présentement sur le site. En 1978, le Pentagone décida de fermer Kinchelsa Air Force Base situé dans le Chippewa County au Michigan. La fermeture provoqua le départ de 8 500 membres des forces armées et la perte de 500 postes civils. Le chômage dans le County grimpa à 30 pour cent. Les autorités locales formèrent alors une corporation de développement économique. Avec l'aide d'une subvention de 6 millions de dollars du gouvernement fédéral et de l'État du Michigan, la corporation rénova la base et lança une campagne intensive de recrutement pour attirer de nouveaux utilisateurs, offrant notamment des prêts à intérêt minime, des exemptions fiscales et des loyers très bas. Plus de 1 000 emplois civils ont été créés sur la base. Une variété de PME industrielles et deux écoles s'y sont implantées. À Salina, au Kansas, Shilling Air Force Base a été remplacée par un parc industriel employant plus de 3 400 personnes. Des organisations comme Beech Aircraft et le Kansas Technical Institute et un aéroport ont pris la relève des installations militaires.

---

17. Department of Defense, *25 Years of Civilian Reuse: Summary of Completed Military Base Economic Adjustment Projects*, Gouvernement des États-Unis, 1986.

Même si plusieurs tentatives de reconversion de bases ont été couronnées de succès, le processus n'est pas facile. La période de transition est souvent longue, pouvant aller de deux à dix ans. Dans certains cas, les communautés ne s'entendent pas sur les nouvelles vocations de la base. Les emplois dans les petites entreprises qui fournissaient la base et son personnel sont souvent difficiles à remplacer. Parmi les conditions pour que la reconversion soit menée à bien, notons une planification qui regroupe l'ensemble des groupes socio-économiques peu après la fermeture, l'utilisation maximale des ressources techniques et financières de l'Office of Economic Adjustment, l'analyse des besoins socio-économiques de la région, le développement d'un plan qui tient compte des ressources humaines, naturelles et économiques de la communauté, la promotion d'activités diversifiées (entreprises, commerces, écoles, logements, récréation, etc.) et la mise en œuvre de programmes de formation de la main-d'œuvre[18].

En décembre 1988, le Congrès américain décida de fermer 86 bases sur une période allant jusqu'à 1995. On s'attend à la perte de 21 000 emplois. Le président Bush proposa en 1990 la fermeture de 48 bases additionnelles, dont 35 sur le sol américain. Parmi les bases dont on projette la fermeture, plusieurs jouent un rôle économique prépondérant dans leur région. Chanate Air Force Base en Illinois, par exemple, compte 65 pour cent de toute l'activité économique locale. À Alameda County en Californie, la marine américaine est le deuxième plus important employeur.

---

18. Voir Michael Closson et Richard Williams, «Transforming Military Bases», *Plowshare*, vol. XIV, n° 1, hiver 1989.

Les entreprises

La croissance spectaculaire des budgets militaires dans les années 80, et l'opposition d'un grand nombre de dirigeants et de syndicats dans les entreprises du secteur militaire, expliquent le caractère limité des expériences de diversification au niveau des entreprises. Il faut ajouter que les gouvernements n'ont apporté jusqu'à maintenant aucun support financier ou technique significatif pour faciliter la diversification. Cependant, avec la chute des budgets militaires ces dernières années et les perspectives de coupures additionnelles, plusieurs entreprises ont récemment pris l'initiative de diversifier leurs productions et leurs marchés. Dans la plupart des cas ce sont les entreprises elles-mêmes, et non les communautés locales ou les syndicats, qui sont à l'origine de la diversification. Plus souvent qu'autrement, ces entreprises ont réduit de façon marginale leur dépendance à l'égard du militaire.

Il faut admettre, au départ, que les tentatives de diversification de maîtres d'œuvre de la défense se sont fréquemment soldées par des échecs. Après la guerre au Viêt-nam, Lockheed a tenté avec le Tristar une percée dans l'aviation commerciale, qui a failli mener la compagnie à la banqueroute. Dans les années 1970, Rockwell a essuyé de lourdes pertes en tentant de fabriquer des téléviseurs. Durant la même période, Grumman n'a pas réussi à percer le marché des autobus, malgré des efforts importants. General Dynamics a connu peu de succès sur le marché commercial des télécommunications. McDonnell Douglas a obtenu des résultats médiocres dans l'aviation commerciale et les services informatiques.

Néanmoins, surtout depuis quelques années, la diversification est devenue une nécessité pour plusieurs entreprises, et les succès sont de plus en plus nombreux (voir le tableau 3). Boeing, McDonnell Douglas et Lockheed utilisent les mêmes installations manufacturières pour fabriquer en alternance des avions civils et militaires. L'entreprise de construction navale Tenneco a mis sur pied une filiale pour réparer et construire des installations de production énergétique. La division navale de Litton s'est diversifiée dans la fabrication de wagons de chemins de fer et de plate-formes pétrolières. Grumman a reçu en 1987 un contrat de 1 milliard de dollars pour renouveler la flotte de camions des postes aux États-Unis, et un autre de 850 millions de dollars pour la station spatiale. Kaman Aircraft, au Connecticut, produit des hélicoptères pour le ministère de la Défense. Elle décida, au début des années 70, que les contrats militaires étaient instables et risqués. Avec l'aide d'ingénieurs en vibration, elle réussit à développer une guitare de qualité. Aujourd'hui, elle continue à produire avec succès une gamme importante de guitares. Kalvico, une entreprise aérospatiale située à Moonpark en Californie vendait 85 pour cent de sa production de systèmes téléguidés à des fabricants de missiles et d'avions militaires. En 1985, la compagnie a mis sur pied un nouveau service des ventes pour obtenir des contrats civils et a transformé ses installations manufacturières. Aujourd'hui, plus de 50 pour cent de ses produits sont vendus sur les marchés commerciaux et l'emploi est passé de 250 à 600.

Raytheon, qui dépendait presque entièrement des contrats du Pentagone, a réussi à réduire la part du militaire à moins de 50 pour cent des ventes[19]. La transition n'a pas été facile, et l'entreprise a essuyé

---

19. Sabrata Chakravarty, «The Limits of Synergy», *Forbes*, 15 octobre 1990, p. 39-40.

plusieurs déficits avant de connaître le succès. La diversification chez Raytheon a commencé très tôt. En 1965, l'entreprise a acheté Amana, un manufacturier de réfrigérateurs qui, deux ans plus tard, a introduit sur le marché civil le premier four à micro-ondes. Elle consolida par la suite sa position sur le marché des appareils ménagers par de nombreuses acquisitions, notamment Caloric (fours) et Speed Queen (laveuses et sécheuses). Elle pénétra le marché des matériaux et des équipements de construction en achetant Cedar Rapids Corp, et celui des services énergétiques en absorbant Badge Corp et United Engineers and Constructors.

Dans le secteur de l'aéronautique civile, ce fut essentiellement la même démarche. En 1980, Raytheon acheta Beech Aircraft pour 790 millions de dollars. Jusqu'en 1988, le marché des avions commerciaux piqua du nez. Raytheon en profita pour développer plusieurs nouveaux modèles d'avions régionaux et d'avions d'affaires. Les pertes furent financées par les profits réalisés dans les activités militaires. Maintenant, les revenus de Raytheon proviennent de plus en plus de ses activités civiles, et notamment de ses avions avant-gardistes et ultraperformants. En utilisant une stratégie d'acquisition de firmes commerciales et en gardant en place les dirigeants de ces entreprises, Raytheon s'assura non seulement une bonne expertise technologique pour la fabrication des produits, mais surtout des connaissances et de l'expérience au niveau des marchés. Plus souvent qu'autrement, cette stratégie de diversification permettra aux entreprises liées à la défense d'effectuer un passage moins laborieux vers le civil.

TABLEAU 3

La diversification d'entreprises militaires
vers le civil: quelques exemples américains

Entreprise	Principaux produits militaires	Nouveaux produits civils
Questech	R-D pour guerre électronique	Machinerie et technologie pour contenants en plastique
Oshkosh Truck	Véhicules militaires	Remorques
Rockwell	Aéronautique et électronique militaires	Électronique, matériel roulant, équipements d'imprimerie
Raytheon	Aéronautique	Appareils ménagers, énergie, équipements de construction, aéronautique civile
Cletronics	Pièces magnétiques pour caméras de surveillance militaire	Transformateurs, circuits imprimés instruments de détection magnétique
ACR Industrie	Boîtes de transmission pour avions militaires	Boîtes de transmission pour avions civils
Caratron Ind.	Générateurs, bombes, batteries et transmission pour chars d'assaut	Sous-systèmes pour avions
Giga-Tronics	Équipements électroniques militaires	Radars, satellites de télécommunications
Base Ten	Systèmes électroniques pour avions de chasse	Télécommunications, système d'alarme

Entreprise	Principaux produits militaires	Nouveaux produits civils
Northrop	Bombardiers	Avions civils
FMC	Chars d'assaut	Produits chimiques
Frisby Air-bourne Hydraulics	Pièces pour avions de chasse	Pièces d'aéronautique
Lockheed	Missiles, avions	Ordinateurs, systèmes électroniques
UNC	Pièces pour sous-marins nucléaires	Environnement
Martin Marietta	Électronique	Technologie spatiale contrôle aérien, machines de tri postal
Delta Research	R-D militaire	R-D en aéronautique et environnement et utilisation des sols
General Dynamics	Avions, chars d'assaut	Ordinateurs, traitement de données
Avondale	Construction navale	Construction navale (traversiers), matériel électrique
Kaman	Hélicoptères, pièces pour l'aérospatiale	Pièces pour l'aviation civile, instruments de musique
Jonathan	Réparation et entretien de navires	Réparation et entretien de navires
TacomaBoat Building	Navires de guerre	Bateaux de croisière et yatchs de plaisance

Entreprise	Principaux produits militaires	Nouveaux produits civils
Sikorsky	Hélicoptères	Hélicoptères
Billerica Pacer Syst.	Services d'ingénierie pour les sous-marins	Simulateurs de vol, Sonars et les avions
Hugues Aircraft	Avions	Ordinateurs, télé-communications
Textron	Chars d'assaut	Pièces d'avions civils

Dans la plupart des cas, les entreprises qui se diversifient avec succès s'orientent vers des secteurs connexes à leurs activités militaires. Questech inc., qui se spécialise dans la R-D pour la guerre électronique, constitue une exception[20]. Elle s'est en effet diversifiée vers la technologie pour les emballages en plastique. En 1990, l'entreprise a signé un contrat à long terme avec Royal Dutch Shell valant plusieurs dizaines de millions de dollars pour la vente de machines fabriquant des contenants en plastique. Le développement de cette nouvelle technologie découle d'une association avec la firme Rampart Packaging de Williamsburg en 1985.

De même, Oshkosh Truck Corp, le plus important fabricant mondial de véhicules militaires lourds, acheta en 1990 Miller Trailers Inc., pour lui permettre de prendre pied sur le marché civil des remorques[21].

---

20. Lori Silver, «Defense Contractor Expands into Commercial Market», *The Washington Post*, vol. CXIII, n° 307, 8 octobre 1990.
21. R. Eugene Goodson, «Agreement Set for Oshkosh to Purchase Trailer Builder», *Business Wire*, San Francisco, octobre 1990.

Selon la direction de l'entreprise, l'expertise et la technologie de Oshkosh devraient aider à développer le potentiel de Miller sur les marchés. Plus de 70 pour cent des ventes d'Oshkosh étaient militaires en 1989. Selon les prévisions actuelles, cette proportion passera à 50 pour cent en 1991. Tacoma Boat Building a elle aussi mené avec succès sa diversification en achetant Burger Yacht, un fabricant de yachts de plaisance, et Striker, un manufacturier de petits bateaux d'aluminium.

Jusqu'à 1986, alors qu'elle termina le contrat de fabrication du bombardier B-1, la production militaire était la principale source de revenus pour Rockwell. En 1990, les activités liées à la défense ne représentaient plus que 28 pour cent des ventes de l'entreprise[22]. Rockwell s'est diversifiée principalement dans l'électronique (39 pour cent des ventes totales en 1989) et l'imprimerie. Aujourd'hui, elle constitue un des plus importants producteurs au monde d'équipement d'imprimerie.

L'objectif de Martin Marietta, tel qu'énoncé par son président Norman Augustine en juin 1991, était de réduire la part des activités militaires dans le chiffre d'affaires[23]. L'entreprise a d'abord décidé de se concentrer sur les projets civils de haute technologie en synergie avec son savoir-faire en matière de défense. Elle vient ainsi de se diversifier dans les machines de tri postal et entend accroître ses contrats de gestion pour le ministère de l'Énergie ainsi que d'étendre ses activités d'ingénierie pour le contrôle aérien. Martin Marietta tente aussi une percée du côté du marché

22. Tim Deady, «Rockwell Intensifies Campaign to Illustrate its Emphasis On Non-Military Contracting», The Los Angeles Business Journal, vol. XII, n° 42, 15 octobre 1990.
23. Jean-Claude Léon, «Martin Marietta se diversifie dans le civil», Air et cosmos, n° 1338, juillet 1991, p. 15.

spatial, et plus spécifiquement de la station spatiale. La plupart des analystes financiers considèrent que l'entreprise est mieux placée que ses compétiteurs pour survivre aux coupures dans la défense dans les prochaines années.

Dans les quelques cas que nous venons d'examiner, la diversification s'est effectuée à l'instigation des dirigeants des différentes entreprises et, comme on a pu le constater, ont impliqué surtout des diversifications de portefeuille et de marché. Il existe une série d'autres cas — beaucoup moins nombreux — où les travailleurs et/ou les communautés locales ont joué un certain rôle pour tenter de promouvoir des expériences de diversification. Dans la plupart des cas il s'agit toutefois d'expériences de diversification de production menées sur un même site industriel. Le fabricant de navires de guerre Bath Iron Works, par exemple, qui est le plus important employeur de l'État du Maine avec 10 000 emplois, explore activement à l'heure actuelle des solutions de rechange civiles. La direction de l'entreprise ainsi que les syndicats, les élus municipaux et les groupes communautaires ont formé une coalition pour la diversification et font pression sur le gouvernement fédéral. L'entreprise se dit capable de construire des ponts et d'aider à rénover les infrastructures déficientes de l'État du Maine. Au Massachusetts, Berkshire County a reçu une subvention pour préparer un plan de diversification/reconversion pour l'usine General Electric, qui perd de 500 à 800 emplois par année depuis quelques années.

À FMC Corporation, à San Jose en Californie, le syndicat local des machinistes tente de créer un comité conjoint avec l'employeur pour le développement de nouveaux produits. L'entreprise fait face à de nombreuses mises à pied suite aux réductions dans les commandes du Bradley Fighting Vehicle. L'entreprise

AUX ÉTATS-UNIS ET AU CANADA

aérospatiale Frisby Airborne Hydraulics de Long Island dans l'État de New York a effectué une percée importante dans l'aéronautique commerciale afin de réduire sa dépendance à l'égard des contrats militaires. De 1985 à 1990, les activités militaires sont passées de 90 à 35 pour cent de la production de l'entreprise, et le niveau de profit s'est amélioré. Frisby attribue ses succès à un effort majeur au niveau de la R-D, à une transformation radicale de son service des ventes, et à une plus grande concertation sur les lieux de travail.

À Tacoma, dans l'État de Washington, les dirigeants et les syndicats du Puget Sound Shipyards se sont concertés avec les autorités locales dans un Industrial Jobs Commission afin de tenter d'éviter l'effondrement de la construction navale dans la région. Entre 1986 et 1987, l'emploi est passé de 10 500 à 4 000. En 1989, la Commission a publié une importante étude dans laquelle elle fait état des impacts économiques des pertes d'emplois dans le secteur[24]. Face aux perspectives peu reluisantes dans le secteur naval, la Commission fait plusieurs recommandations, notamment l'analyse du potentiel de diversification, la formation et le recyclage des travailleurs, la création, à l'échelle de l'ensemble de l'industrie et sur une base permanente, d'un Labor-Management Committee afin de développer des approches communes, et la modernisation des installations portuaires.

À Naugatuck Valley au Connecticut, les travailleurs et les dirigeants de Textron Lycoming Stratford Division, devant l'inévitabilité des coupures dans la production des moteurs pour les chars d'assaut M-1, ont commencé d'examiner les possibilités de recon-

---

24. Puget Sound Shipyards Industrial Jobs Commission, *Recapturing Markets for Puget Sound Shipyards*, mai 1989.

version[25]. Un *optimum use committee* a été créé avec la participation de quatre hauts dirigeants, de représentants syndicaux et de groupes communautaires. L'objectif du Comité est de rechercher de nouveaux contrats civils pour l'entreprise (40 pour cent de la production en 1991), de développer de nouveaux produits, et de réunir les ressources financières nécessaires pour effectuer des études de faisabilité.

Unisys a été formée en 1986, à la suite de la fusion de Sperry et Burroughs, deux entreprises dans le secteur de la fabrication des ordinateurs. Avec des ventes de 9,9 milliards de dollars en 1988, la compagnie est le troisième plus important manufacturier d'ordinateurs aux États-Unis, derrière IBM et Digital Equipment Corporation. Depuis 1986, les emplois de Unisys dans l'État du Minnesota sont passés de 15 000 à 10 000. Dans l'ensemble des États-Unis, les contrats de la défense comptent pour 25 pour cent des revenus de l'entreprise, qui se retrouve au 15e rang des plus importants fournisseurs de la défense américaine. Au Minnesota, 5 000 travailleurs sont à l'emploi de la division défense. Ce sont les coupures dans les commandes du Pentagone qui sont principalement responsables de la chute des revenus et des emplois.

En janvier 1989, la section 2047 du International Brotherhood of Electrical Workers (usine de Saint Paul au Minnesota) a contacté l'AFL-CIO du Minnesota et le Task Force on Economic Conversion de l'État du Minnesota pour tenter de trouver des solutions à l'hémorragie des emplois. Un groupe de travail, composé de représentants de la section 2047, de l'AFL-CIO, de Jobs With Peace, et du Working Group on Economic Dislocation, fut mis sur pied dans le but de

---

25. Kevin Bean, «From Tank Engines to Teamwork», *Positive Alternatives*, vol. I, n° 2, hiver 1991.

formuler des stratégies de diversification et de reconversion pour l'entreprise. Avec l'aide de Markham and Associates, un bureau de consultants, et de l'appui technique et financier de la ville de Saint Paul (Department of Planning and Economic Development) et de l'État du Minnesota (Department of Trade and Economic Development), le groupe entreprit une étude détaillée des perspectives à court et à long termes de l'entreprise, des caractéristiques de la main-d'œuvre et du potentiel pour une production alternative[26]. Avec l'aide des travailleurs, une liste d'une cinquantaine de produits pouvant être manufacturés par la main-d'œuvre existante, avec peu ou pas de changements dans la machinerie et les équipements déjà en place, fut établie. Parmi les produits retenus, notons des ordinateurs pour automobiles, des systèmes de sécurité pour la maison et des instruments pour mesurer la pollution. Une deuxième phase de l'étude, présentement en cours, cherche à réduire cette liste en effectuant une étude de marché pour chaque produit.

L'initiative des travailleurs d'Unisys a reçu des appuis importants, notamment du gouverneur Rudy Perpich du Minnesota, des membres du Congrès de ce même État, du maire de Saint Paul, Jim Scheibel, de plusieurs organismes communautaires et de l'ensemble du mouvement syndical. La lutte à Unysis a acquis une certaine notoriété au niveau international à l'occasion de la visite en novembre 1989 de Maj Britt Theorin, ambassadeur suédois à la conférence de désarmement des Nations Unies. Celui-ci appuya fortement l'initiative des travailleurs.

---

26. Alternative Product Development Committee, and Markham and Associates, *The Unisys Alternative Use Project*, Saint Paul, Minnesota, septembre 1989.

Bien qu'elle soit en accord avec le principe de la diversification, la direction de l'entreprise a jusqu'à maintenant refusé de collaborer avec les efforts de reconversion et cela malgré les pressions tant des gouvernements que des travailleurs. Pour la première fois dans l'histoire des États-Unis, la section 2047 a entrepris l'année dernière du piquetage en faveur de la reconversion.

À part les appuis importants qu'elle a reçus, l'intérêt de l'initiative à Unisys provient de la grande qualité de l'étude qui a été produite par les consultants et les groupes intéressés. L'analyse de l'entreprise, de ses forces et faiblesses et de ses perspectives à moyen et long termes font ressortir clairement l'urgence d'une stratégie de diversification. L'évaluation détaillée des qualifications, des aspirations et des suggestions de la main-d'œuvre en place dans l'entreprise fournit un élément essentiel pour outiller les travailleurs dans leur démarche.

Les initiatives canadiennes et québécoises

Au Canada, la plus importante démarche en faveur de la reconversion s'est effectuée à partir de 1980 autour de Cruise Missile Conversion Project (CMCP). Cette tentative visait à reconvertir les usines de Litton Systems Canada à Rexdale en Ontario. Litton Canada est une filiale de Litton Industries de Californie. En 1978, Litton fut choisie pour produire les systèmes de guidage des 10 000 missiles Cruise que le gouvernement américain prévoyait construire jusqu'à 1988. Depuis sa fondation en 1961, la filiale canadienne, grâce aux subventions qu'elle recevait du gouvernement canadien, construisait des parties d'avions dont certaines ont été utilisées pendant la guerre au Viêt-nam. Elle continue aujourd'hui à recevoir des contrats pour des systèmes de navigation d'avions canadiens, américains et d'autres produits militaires d'exportation.

Les militants du CMCP formulèrent les revendications suivantes: la reconversion de l'usine et la production notamment d'une gamme d'appareils de guidage pour les aveugles et les handicapés, des fonds pour la formation et le recyclage de la main-d'œuvre, la syndicalisation des travailleurs et une participation accrue des travailleurs aux prises de décision[27]. L'objectif était de créer un «Comité pour les productions alternatives» pour promouvoir la diversification et pour rendre la communauté moins dépendante de Litton. Le Comité serait formé de représentants du patronat, des travailleurs, des organisations communautaires et des groupes pacifistes. Le CMCP reconnaissait aussi que des campagnes de reconversion parallèles devraient être menées dans d'autres firmes.

La campagne du CMCP prit fin brusquement en 1987 quand le US Air Force décida d'abandonner les missiles lancés par les B-52 en faveur de la version «Stealth», qui est plus difficile à détecter par les radars soviétiques. L'usine de Litton n'ayant pas été choisie pour cette nouvelle version, le CMCP mit fin à ses activités. Le groupe considère néanmoins que sa campagne à Litton a été un succès[28]. On croit que des douzaines de personnes ont quitté Litton et que plusieurs travailleurs appuyaient la démarche. On pense aussi avoir influencé d'autres tentatives de mettre fin à la

---

27. Donald Wells, «Politics and the Economic Conversion of Military Production in Canada», *Studies in Political Economy*, n° 27, automne 1988, p. 113-137.
28. *Ibid.*, p. 116.

production militaire. Enfin, on est convaincu que la campagne à Litton a amené le mouvement pour la paix et les syndicats ouvriers au Canada à se préoccuper des dimensions économiques de la paix et du contrôle des armements.

Des erreurs stratégiques majeures ont cependant été commises par le CMCP. D'une part, les objectifs de reconversion et de syndicalisation n'étaient pas nécessairement compatibles. Pour plusieurs travailleurs, la reconversion était perçue comme une menace pour leur sécurité d'emploi, et le syndicat (UAW) était vu comme un allié du CMCP. Parce que le CMCP n'était pas en position de garantir le recyclage, l'emploi et les primes de séparation, leurs craintes n'étaient pas irrationnelles. Dans la mesure où, comme il le prétend, il aurait contribué à bloquer le nouveau contrat «Stealth», le CMCP aurait effectivement compromis la sécurité d'emploi des travailleurs.

D'autre part, le choix de travailler exclusivement au niveau local, à l'extérieur du système politique, constitue également une faiblesse stratégique[29]. Le CMCP était convaincu que les chances de succès étaient maximisées si la reconversion était pilotée par ceux qui étaient les plus engagés dans la production d'armements, et qu'une société participative, décentralisée et contrôlée par la base était la voie la plus sûre vers la paix mondiale. Cette vision, qui mettait l'accent sur la politisation des travailleurs de Litton et sur les possibilités de succès de la reconversion d'une seule usine, esquivait les dimensions globales et essentiellement nationales de l'environnement décisionnel militaire. En effet, les contrats de Litton dépendaient dans une large mesure des programmes du gouvernement canadien comme le Defence Industrial

---

29. *Ibid.*, p. 117.

Productivity Program (DIPP) et le Defence Production Sharing Agreement (DPSA). Comme plusieurs autres tentatives à travers le monde, l'échec s'explique donc en partie par le caractère strictement local de l'initiative, alors qu'il aurait fallu mener simultanément une démarche politique et législative au niveau national.

Au Canada, contrairement aux États-Unis, aucune tentative sérieuse pour adopter un projet de loi national pour favoriser la reconversion/diversification n'a été effectuée. Pourtant, le Canada bénéficie d'avantages certains par rapport à son voisin pour faire adopter une telle législation. D'abord, le complexe militaro-industriel canadien est beaucoup moins puissant. Les dépenses pour la défense représentent 29,4 pour cent du budget aux États-Unis, et 6,9 pour cent du produit intérieur brut. Au Canada, les proportions sont de 10,0 pour cent et 2,0 pour cent respectivement. Ce pouvoir économique plus modeste se traduit par une moins grande influence politique. Ensuite, dans une large mesure la production militaire n'est pas une industrie canadienne, mais plutôt le prolongement de la dépendance à l'égard de l'économie américaine. Les augmentations dans la production militaire dans les années 80 constituent principalement une réponse aux nouveaux besoins des États-Unis. Enfin, la reconversion/diversification devrait normalement être facilitée parce que l'opinion publique canadienne est sympathique à l'idée que les politiques militaire et étrangère canadiennes doivent prendre leur distance par rapport à Washington.

Depuis quelques années, plusieurs organisations syndicales ont commencé à intervenir dans le dossier de la reconversion/diversification. À son assemblée de mai 1988, le Conseil du travail du Canada a adopté la résolution suivante favorable à une intervention gouvernementale en faveur de la reconversion:

> que les gouvernements, avec l'entière participation et la consultation des syndicats concernés, affectent des fonds considérables à des recherches sur la conversion et convertissent ensuite de façon ordonnée les entreprises de production militaire qui ne sont pas indispensables en des industries civiles, en veillant à ce que des mesures appropriées soient prises pour assurer le recyclage et la protection de l'emploi des travailleurs et travailleuses concernés[30].

De même l'UAW (travailleurs de l'automobile) et les Steel Workers (métallos) ont effectué un travail de sensibilisation auprès de leurs membres et se sont prononcés pour l'abolition du DPSA et du DIPP.

Au Québec, le débat sur la diversification et la reconversion des industries de défense s'amorce alors que se font sentir les premiers effets concrets du désarmement. Au cours des deux dernières années, au moins cinq mille emplois ont été perdus suite aux mises à pied. Avec des réductions dans les effectifs notamment chez Marconi, les Arsenaux canadiens, Pratt & Whitney, Expro et quelques fermetures dont celles de Vickers Montréal, IVI et Vitt Forge, le secteur industriel a été la principale victime jusqu'à maintenant. Il n'y a d'ailleurs rien d'étonnant là-dedans puisque l'économie militaire du Québec repose essentiellement sur le secteur manufacturier. Plus de 70 pour cent des emplois rémunérés à même les budgets militaires y sont en effet liés à la fabrication industrielle.

Bien que le concept n'ait jamais été utilisé pour les qualifier, deux expériences québécoises sont bel et

---

30. Conseil du travail du Canada, *Énoncé de politiques sur les affaires internationales*, Assemblée statutaire, document n° 18, 9 au 13 mai 1988.

bien apparentées à la reconversion industrielle. Il s'agit de la démarche entreprise au début des années quatre-vingt par le chantier naval MIL dans son usine de Sorel et du programme de redressement mené par l'entreprise Bombardier dans son usine de Valcourt située dans la région des Cantons de l'est.

La reconversion du chantier naval MIL/Sorel est le résultat involontaire d'une opération de diversification entreprise au début des années quatre-vingt suite à une importante baisse des niveaux de production et d'emplois dans l'industrie navale autant militaire que civile. Il faut cependant dire que les derniers espoirs de demeurer actif dans la fabrication et la réparation de bateaux reposaient depuis 1982 sur les contrats d'entretien de la marine canadienne et sur les perspectives liées à la réalisation d'une partie du contrat de construction de la nouvelle génération de frégates, un programme lancé en 1980 par le gouvernement canadien. Marine comme on l'appelait à l'époque était la propriété de la SGF, une société d'État créée en 1962 dans le plus pur esprit de la Révolution tranquille et de l'interventionnisme gouvernemental. Or, comme Marine était l'héritage d'un certain capitalisme régional qu'on voulait précisément sauver de l'envahissement du grand capital anglo-canadien et étranger, l'entreprise a un peu fait figure de symbole.

La fermeture n'était pas un scénario recevable pour les travailleurs et la population locale. Il fallait donc relancer l'entreprise et la direction du chantier. Après l'adoption d'une politique de diversification au milieu des années 70, l'entreprise se lancera notamment dans la fabrication de turbines hydro-électriques et celle de wagons de chemins de fer. Ce dernier projet sera abandonné ultérieurement. De nouveaux investissements mèneront tout de même à l'érection d'installations modernes et à l'instauration d'une nouvelle dynamique d'emploi.

N'eût été de sa stratégie de diversification, aujour-d'hui MIL/Sorel n'existerait plus et tous les emplois auraient été perdus. La fabrication de turbines hydro-électriques est la seule source d'emploi actuellement. En une quinzaine d'années, le chantier a donc totale-ment changé de mission, démontrant ainsi qu'il est possible, même si cela peut être long et laborieux, d'opérer la reconversion d'une usine de grande enver-gure.

Le profil de la reconversion de l'usine Bombar-dier à Valcourt est totalement différent. Précisons d'abord qu'il ne s'agit pas d'une entreprise d'État, mais d'un des berceaux du nouveau capitalisme privé québécois. C'est en effet à Valcourt que s'est forgé le premier embryon de l'empire Bombardier, un conglo-mérat industriel qui ressemble de plus en plus à une multinationale dont la réputation n'est plus à faire dans le domaine de la motoneige et du transport en commun. Les installations de Valcourt ont servi de point d'appui à la production de motoneiges pendant ses années de gloire, puis est arrivée une période de déclin qui a forcé la direction de Bombardier à revoir le mandat de l'usine.

Après avoir évalué la situation et le potentiel d'une structure de production qui avait déjà démontré assez de souplesse pour passer d'une production de motoneiges à celle de véhicules militaires, la décision sera prise d'injecter de nouveaux capitaux pour reve-nir à la fabrication civile grâce au démarrage d'une nouvelle ligne de motos marines maintenant mon-dialement connue sous la marque de commerce Sea-Doo. Bombardier avait déjà tenté plusieurs années auparavant d'introduire sans succès ce nouveau pro-duit et une certaine expertise était donc déjà établie dans l'usine. Les fonds requis pour la reconversion de l'usine seront en bonne partie d'origine interne. La reconversion de l'usine sera menée avec la plus grande discrétion, sans que ne soit jamais relevé le caractère hautement original de cette relance dans une usine préalablement abandonnée à la production militaire.

Les expériences concrètes de diversification hors de l'industrie militaire sont également peu nombreuses, même si beaucoup de déclarations d'intention ont été faites au cours des derniers mois. Deux projets méritent toutefois d'être signalés. Il s'agit des démarches entreprises chez Marconi et Expro.

Les projets actuellement supportés par Marconi sont prometteurs. Marconi est cet ancien symbole de la production d'appareils radios canadiens ébranlée par la concurrence japonaise au cours des années 60. Suite à la mise à pied de 80 pour cent des 5 000 salariés, un virage stratégique est pris en direction de la production militaire de matériel de communication au début des années 70. Jouant à fond son expertise des systèmes militaires, Marconi se lancera avec un succès évident à la conquête des marchés internationaux. Elle éprouvera néanmoins de la difficulté à protéger sa part du marché au cours des années de croissance pour les sociétés américaines et européennes très généreusement supportées par la reprise massive des dépenses militaires. Mais Marconi souffrira cependant de la contraction du marché de l'électronique qui suivra cette vague de prospérité largement artificielle. Les ventes chuteront radicalement en 1986, sonnant une première alarme. L'annonce de 500 mises à pied en 1989 viendra confirmer l'urgence de la situation et l'accent sera mis sur la réduction d'une dépendance face au marché de la défense qui atteignait 80 pour cent en 1988[31].

Marconi a donc décidé de se diversifier. La stratégie actuelle, qui s'inscrit dans le prolongement de travaux déjà en cours, est axée vers l'industrie aéronautique, dont les systèmes d'atterrissage. Elle a également mis en marché un radar destiné aux flottilles de pêche. Il est difficile de tirer des conclusions au stade actuel de la démarche, mais les contacts informels confirment que tous les espoirs demeurent permis. Si Marconi qui est une figure dominante du noyau dur du complexe militaro-industriel canadien réussit ce virage vers les marchés civils, elle donnera beaucoup de crédibilité au principe de la diversification.

À titre de fournisseur de matières premières pour l'industrie des munitions, Expro a toujours dû affronter des fluctuations importantes de son chiffre d'affaires en période de réduction des dépenses militaires. La diversification y est discutée très sérieusement depuis trois ans. Une démarche a été entreprise par le syndicat en 1988 dans le but de mettre sur pied un comité patronal/syndical, chargé de définir une stratégie de diversification. Cette première tentative a avorté suite au refus des gouvernements provincial et fédéral de financer l'opération. Une nouvelle vague de mises à pied a relancé le débat en 1990. Cette deuxième approche s'est toutefois amorcée sans la participation gouvernementale. Le syndicat et l'employeur ont convenu de mener une étude conjointe sur la perspective de diversification et un accord sur le principe d'un virage a été conclu. À l'hiver 1992, des travaux d'évaluation des équipements ont aussitôt été entrepris. La grande originalité de cette expérience est reliée au

31. Canadian Marconi, *Rapport annuel 1988*, 1989.

partenariat syndical-patronal et à l'implication très concrète du syndicat local et de la centrale CSN[32].

Le Québec et le Canada apparaissent donc très en retard face, par exemple, aux États-Unis ou certains pays européens. La reconversion et la diversification des usines et des installations militaires n'y ont pas encore acquis le statut de solution de rechange crédible. À cet égard, bien qu'elle n'en soit encore qu'à ses débuts, la démarche entreprise chez Expro est une véritable bouffée d'air frais qui donne souffle à l'espoir de reconstruire les entreprises militaires en déroute. Mais cela reste insuffisant. L'enjeu représenté par le désarmement au plan de l'emploi est trop important pour que le Québec refuse de voir les conséquences que cela aura sur son développement économique et communautaire. Un coup de barre doit être donné rapidement.

---

32. Voir CSN, *La seule solution pour sauvegarder les emplois, la diversification et la reconversion des usines d'armement*, mai 1990.

CHAPITRE 4

La reconversion/diversification en Europe et en Chine

La Chine et l'URSS sont aujourd'hui les incontestables leaders au niveau de la reconversion/diversification des usines d'armement. De façon générale, les initiatives et expériences en Europe de l'Ouest, même si elles sont nombreuses et variées, ont donné des résultats modestes. L'opposition des gouvernements nationaux, de la grande majorité des dirigeants d'entreprises et d'une partie des travailleurs du secteur militaire constitue le principal obstacle à surmonter. Avec la fin de la guerre froide, la réduction des budgets militaires depuis quelques années, et les déficits chroniques de plusieurs gouvernements, la reconversion et la diversification bénéficient néanmoins d'un nouvel élan dans plusieurs pays européens, principalement l'Angleterre, l'Allemagne, l'Italie et la Suède.

Angleterre

Depuis 1963, 600 000 emplois ont été éliminés dans l'industrie militaire britannique[1]. Les réductions, annoncées dans le budget de la défense et le marché international de plus en plus concurrentiel pour les exportations d'armes, semblent incontournables. L'inquiétude est donc vive chez les employés de la défense, ce qui explique l'intérêt que suscite la reconversion depuis quelques années. Jusqu'à maintenant, cependant, la reconversion est demeurée un phénomène relativement marginal, en bonne partie parce que le gouvernement du Royaume-Uni a refusé d'intervenir et aussi à cause des faibles appuis provenant de la base.

C'est à Lucas Aerospace que la première et plus célèbre tentative de reconversion a été amorcée[2]. Pour s'opposer aux projets de rationalisation et de licenciements massifs de l'entreprise, les délégués syndicaux décidèrent d'élaborer un plan de reconversion. Le comité central d'entreprise a élaboré une liste de 150 produits socialement utiles que l'entreprise pourrait produire avec les capitaux, la main-d'œuvre, et le savoir-faire technique existants. Ces produits se situaient dans six domaines importants, à savoir l'équipement médical, les sources d'énergie alternative, les systèmes de transport, les systèmes de freins, les équipements océaniques et de contrôle à distance.

La direction de l'entreprise refusa de négocier le plan avec les délégués du comité d'entreprise. Néanmoins, et bien qu'une partie de la main-d'œuvre ait été licenciée, le plan a permis aux syndicats de résister

1. Peter Southwood, *The Peace Dividend in 1990's*, Campaign for Nuclear Disarmament, août 1990, p. 29.
2. Voir Institut syndical européen, *Le Désarmement et la reconversion des industries d'armement en production civile*, Bruxelles, Institut syndical européen, 1983, p. 80.

aux licenciements beaucoup plus importants initialement proposés par la direction. Certains produits figurant dans le plan ont été retenus et développés au sein de l'entreprise[3]. Ainsi, à l'usine de Barnley, la direction approuva le projet de développement d'un prototype de pompe à chaleur. Plus importante, sans doute, tant à l'intérieur du Royaume-Uni que dans d'autres pays, l'initiative des travailleurs de Lucas a ouvert la voie à des initiatives et des projets de reconversion/diversification.

L'échec des travailleurs de la Lucas s'explique assez aisément. Premièrement, le patronat voyait dans le projet une menace pour ses prérogatives, et la venue au pouvoir du gouvernement Thatcher provoqua un durcissement de l'attitude de la direction. Deuxièmement, les pouvoirs publics ont refusé d'appuyer l'initiative. Troisièmement, les conflits internes au mouvement syndical, notamment les tensions entre les délégués siégeant au comité central d'entreprise et les structures nationales, ont miné l'efficacité de la campagne.

Une autre tentative de reconversion s'est déroulée chez Vickers où les délégués syndicaux ont élaboré des projets de production alternative. Chez Vickers Elswick à Newcastle, ils ont établi une liste de produits pouvant être fabriqués à la place des chars Chieftain. Figuraient parmi ces produits des presses d'automobiles, des machines pour l'extraction minière, des machines de terrassement, des chaudières à vapeur et des pompes thermiques[4]. Dans les chantiers navals de Vickers à Barrow, le Trades Council de la ville a

---

3. *Ibid.*, p. 83.
4. Voir John Lovering, «Diversification Policies in Defence — Dependent Local Economies: Current Bristish Experience», *Local Economy*, vol. IV, n° 2, août 1989, p. 116.

constitué, en 1984, le Barrow Alternative Employment Committee pour chercher des solutions de rechange au sous-marin Trident. Le comité publia en 1988 un document intitulé «Ocean of Work». Celui-ci faisait le point sur les qualifications de la main-d'œuvre, et proposait de nombreux produits alternatifs, notamment dans les secteurs de l'énergie renouvelable et des technologies marines. Le rapport plaidait également pour un transfert massif de ressources de la R-D militaire à la R-D civile.

L'initiative est maintenant passée au conseil municipal de Barrow, qui explore les différentes avenues de diversification. Le conseil cherche à maximiser les retombées locales de la présence de Vickers, notamment en tentant de convaincre l'entreprise d'avoir recours à plus de sous-traitants de la région. Il discute aussi avec British Aerospace, Tube Industries, DTE, The Atomic Energy Authority, British Nuclear Fuels et d'autres organisations pour explorer des moyens de faire émerger de nouvelles entreprises, d'encourager les transferts technologiques et d'aider les entreprises à conserver les emplois spécialisés sur place. Les politiques pourraient bien à terme augmenter la dépendance militaire plutôt qu'ouvrir la voie à des productions alternatives.

À Dumbarton, en Écosse, des groupes syndicaux et pacifistes ont mis sur pied en 1984 l'Alternative Employment Study Group pour analyser l'impact sur l'économie locale du Clyde Submarine Base, et pour évaluer la possibilité de faire émerger d'autres activités économiques. Les pertes dans la construction et le génie naval ont provoqué une crise de l'emploi dans la région. Parce que la base est très spécialisée et qu'elle se situe loin des centres de population, le groupe a surtout tenté d'élaborer des politiques économiques régionales susceptibles de créer de nouvelles sources d'emplois. En 1986, il s'est engagé dans une analyse approfondie de l'industrie de la défense en Écosse. Deux ans plus tard, cependant, le groupe mettait fin à ses activités faute de financement. En 1987, les autorités annoncèrent la fermeture de l'usine de pièces de rechange et d'entretien du Royal Navy à Llangernecr et à South Wales. Les travailleurs déclenchèrent une campagne pour trouver des produits alternatifs, qu'ils appelèrent «Alterplan», et dont l'objectif était de sauver les 300 emplois de l'usine[5]. Le Joint Action Committee (JAC), mit l'accent sur la création d'une série de petites entreprises qui utiliseraient les ressources et les connaissances existantes de la main-d'œuvre. On considéra que c'était le meilleur moyen pour réduire la dépendance à l'égard des capitaux extérieurs et pour accomplir une meilleure symbiose avec l'économie locale. On entreprit ensuite une étude approfondie des activités alternatives possibles, y compris la réparation de véhicules, l'emballage spécialisé et la peinture industrielle. Le projet a reçu des appuis importants, notamment du Welsh Development Agency, du Wales Cooperative Center, et surtout des syndicats locaux et nationaux. En réaction aux pressions, le ministère de la Défense accepta de payer les salaires à temps plein de deux membres du JAC pour poursuivre les recherches. L'initiative a été amorcée tardivement, et il semble clair qu'il ne sera pas possible de sauver tous les emplois sur le site. Fait significatif, cependant, c'est la première fois que le ministère, qui a toujours refusé de cautionner directement ou indirectement la reconversion, intervient dans un tel dossier.

---

5. Tom Woodhouse, Steve Schofield et Peter Southwood, «Arms Conversion and the Defence Industry in the United Kingdom», *Bulletin of Peace Proposals*, vol. XIX, n° 1, 1988, p. 121.

L'expérience la plus importante à l'heure actuelle est sans doute celle de Bristol. Le complexe aérospatial de British Aerospace dans cette ville est le plus considérable en Europe de l'Ouest. Il compte avec ses 20 000 travailleurs pour plus de 30 pour cent de l'emploi manufacturier de la région. En réaction à la perte de plus de 1 400 emplois depuis 1988, les syndicats de l'aérospatiale ont créé un comité pour résister aux coupures et pour mettre de l'avant des solutions de rechange afin de forcer la direction à réagir. Le conseil municipal de Bristol, qui comptait une majorité de membres du Labour Party, a décidé d'appuyer l'initiative des travailleurs et de financer une étude pour examiner la situation de l'emploi, pour évaluer les solutions, et pour faire des recommandations sur les actions à entreprendre.

Le rapport *BAe in Bristol: What Future?* a été publié en janvier 1989. Il estimait qu'entre 40 000 et 60 000 emplois industriels dans le sud-ouest dépendaient des dépenses militaires, et qu'entre un tiers et la moitié était concentré dans la région de Bristol. Il recommandait que le conseil municipal appuie la campagne des syndicats, tout en essayant de former un «partnership» avec British Aerospace et les autres entrepreneurs de la défense. Il proposait la mise sur pied d'un Defence Industry Forum au niveau local pour que les compagnies explorent leurs problèmes et leurs besoins, et pour que les autorités municipales reçoivent un préavis quant aux pertes d'emplois dans le secteur de la défense. Il s'agissait d'établir des liens entre les entreprises, le Training Commission, l'Employment Service, les institutions d'enseignement et les agences de développement de produits et de transferts technologiques. Finalement, le rapport recommandait que le Conseil fasse de la reconversion un des éléments de sa stratégie économique locale. Parallèlement, les syndicats à British Aerospace conduisaient une enquête auprès des travailleurs et recueillaient une centaine de suggestions pour des produits alternatifs.

Le rapport a été entériné par le conseil municipal en janvier 1989 et la première réunion du Defence Forum a été tenue en mai 1989, avec la participation de plusieurs entreprises militaires locales, mais sans celle de British Aerospace. Les syndicats ont tenté d'inclure la reconversion et la diversification comme enjeux des négociations collectives avec l'entreprise. Selon plusieurs délégués syndicaux, l'initiative à Bristol a amorcé un changement important dans l'attitude des travailleurs de l'armement, qui s'étaient jusque-là opposés avec véhémence à la reconversion. La direction de l'entreprise demeure cependant hostile aux tentatives syndicales.

Le cas de Bristol illustre bien les problèmes et les possibilités de la reconversion/diversification au Royaume-Uni. Les syndicats de Bristol ont évité de lier les questions économiques, c'est-à-dire les emplois, aux questions politiques, particulièrement la défense et la paix. Au niveau du Labour Party, cependant, plusieurs militants ont insisté pour que les nouvelles productions soient «socialement utiles», et ont exigé une reconversion immédiate des activités militaires plutôt qu'une diversification graduelle vers le civil. Ces tensions politiques entre le Labour Party et les syndicats expliquent en partie la tiédeur des appuis des instances locales à l'égard des initiatives de reconversion/diversification.

Tant au niveau des syndicats que du Labour Party et des instances locales, le mouvement en faveur de la reconversion en Angleterre s'amplifie depuis quelques années. En 1983, le Trades Union Congress a pris position pour la reconversion et a établi le Defence

Conversion Committee. La même année, le Transport and General Workers Union a publié *A Better Future for Defence Jobs*, qui prônait la reconversion d'une grande partie de l'industrie militaire vers des productions socialement utiles et qui proposait la mise sur pied de «comités d'utilisation alternative» et un Fonds pour la reconversion au niveau national. Plusieurs comités régionaux pour la reconversion ont également été créés.

La position du Labour Party, bien que marquée par l'ambivalence, évolue dans le sens d'un appui à la reconversion. Déjà en 1977, un groupe de travail se prononçait vigoureusement pour une réduction des dépenses militaires et pour un programme national de reconversion. En 1987, le Parti publia un rapport prônant l'abandon de plusieurs programmes d'armes nucléaires et leur remplacement par de nouvelles armes conventionnelles. Celui-ci suggérait néanmoins la création de comités d'utilisation alternative dans les usines, de conseils régionaux de reconversion et d'un National Agency for Industrial Conversion and Recovery au sein du ministère de l'Industrie et du Commerce. Ces propositions furent reprises en mai 1990. Le Labour Party est particulièrement préoccupé par les armes nucléaires, notamment le sous-marin Trident, au détriment des questions plus globales de dépendance militaire et de reconversion/diversification.

En partie parce que les efforts et les initiatives au niveau national ont donné peu de résultats, un réseau institutionnel informel s'est développé. En 1985, un Arms Conversion Group (ACG) a été établi au School of Peace Studies à l'Université Bradford. Ce groupe chapeaute la plupart des organisations au Royaume-Uni qui sont actives dans la reconversion. Il réunit aussi plusieurs individus qui cherchent à promouvoir la reconversion. L'ACG a organisé des forums et a produit des rapports de recherche. Le groupe a notamment préparé une étude sur les attitudes de travailleurs de la défense à Barrow et une banque de données sur l'industrie militaire en Angleterre. D'autres agences, y compris le Centre for Alternative Industrial and Technological Systems et le Network of Product Development Agencies à Sheffield, ont fourni de l'aide aux campagnes locales.

Mais c'est sans doute les conseils municipaux qui ont appuyé le plus concrètement les initiatives de reconversion. Regroupées dans le Centre for Product Development, les municipalités britanniques cherchent à formuler des stratégies locales de développement économique, à améliorer la qualité des campagnes pour la reconversion, et à exercer des pressions en faveur de politiques nationales de diversification. Au milieu des années 80, cependant, le gouvernement Thatcher a réduit substantiellement les pouvoirs financiers et légaux des municipalités. Le Greater London Council (GLC), par exemple, qui a été très actif dans la recherche et la promotion de la reconversion, a été aboli en 1986.

Allemagne

La production d'armements est très concentrée en Allemagne. Les principaux secteurs sont les chars d'assaut, les navires et les avions. Daimler Benz-MBB (issue d'une fusion récente) dépend à 50 pour cent de la production militaire, GMB Telefunken à 85 pour cent et MTU à 55 pour cent. À peine une dizaine d'entreprises sont responsables pour l'essentiel de la production de défense. La concentration géographique est également très forte. Ainsi les réductions dans les dépenses militaires sont particulièrement ressenties dans le triangle formé par Brême, Hambourg et Kiel, et dans la région de Munich.

Sous plusieurs rapports, la situation allemande est comparable à celle de l'Angleterre. Les Démocrates chrétiens, le parti au pouvoir, rejettent d'emblée toute tentative de s'ingérer dans le libre marché, tandis que le principal parti d'opposition, les Sociaux-démocrates, promet qu'il mettra en œuvre un programme de reconversion lorsqu'il sera élu. Le Parti vert, pour sa part, qui prône la décentralisation, appuie particuliè-rement les initiatives locales et régionales de recon-version[6]. Comme en Angleterre, ce sont les travail-leurs qui ont joué le rôle le plus important dans les campagnes pour la reconversion/diversification. Dès le départ, les considérations environnementales ont occupé une place fondamentale dans le débat. Même s'il n'existe pas d'exemples de reconversion complète vers une production civile, une vingtaine de comités d'utilisation alternative sont présentement en opéra-tion, particulièrement dans le Nord du pays, qui est fortement dépendant de l'industrie militaire. À Ham-bourg, par exemple, un travailleur sur quatre dans les chantiers navals et un sur dix dans l'industrie électro-nique participent à la production militaire; à Brême, un travailleur sur quatre dans l'électronique produit pour l'industrie de la défense.

Le syndicat allemand de la métallurgie, IG Metall, a été à l'origine d'une bonne partie des tentatives de reconversion. Dès 1977, il a créé un groupe de travail sur la technologie et l'emploi dans la défense afin d'explorer les productions alternatives. IG Metall a

---

6. Michael Renner, *Swords into Plowshares*, Worldwatch Paper, juin 1990, p. 49.

facilité la coordination de plusieurs initiatives locales et aidé à les faire accepter par les organisations syndicales. Avec son Bureau consultatif sur l'innovation et la technologie, créé à Hambourg en 1979, et son Bureau de coopération, créé à Brême en 1982, le Syndicat de la métallurgie a apporté un soutien technique concret aux différents comités d'utilisation alternative.

En 1980, un comité d'utilisation alternative a été mis sur pied au sein de la firme Blohm et Voss, une entreprise de construction navale de Hambourg, qui fabrique également des turbines, des moteurs et des véhicules à moteur. La partie militaire de la société s'est fortement développée et compte pour 60 pour cent de la production totale, notamment suite à la construction de frégates. Après une initiative d'IG Metall, et parce qu'ils craignaient des pertes d'emplois à cause d'une diminution des commandes militaires, les travailleurs ont suggéré de limiter la production des frégates, et de la remplacer par la fabrication d'installations de dessalement et d'équipements pour le traitement de déchets, et le développement de nouvelles technologies pour économiser l'énergie. Les délégués syndicaux de Blohm et Voss ont argué qu'il n'est économiquement pas raisonnable de dépenser de l'argent en allocations de chômage pour les travailleurs alors que cet argent pourrait être valablement utilisé pour développer des produits alternatifs[7]. Suite aux pressions du groupe de travail, l'entreprise s'est engagée dans quelques expériences de diversification qui ont connu des succès relatifs.

Chez Krupp Mak, à Kiel, où se fait l'assemblage final de près de la moitié des chars de combat Leopard 2, un groupe de travail dirigé par un comité de délégués syndicaux d'IG Metall a étudié la question de la pro-

7. Institut syndical européen, *op. cit.*, p. 88.

duction alternative. Il a proposé notamment des nouveaux systèmes de transfert ferroviaire et des produits liés aux énergies douces (éolienne, marée motrice, etc.). La direction s'est montrée peu réceptive, mais a néanmoins retenu quelques idées du groupe, en construisant notamment une usine de production éolienne à Helgoland, une île de la mer du Nord. Le comité d'utilisation alternative a réussi à obtenir des appuis financiers de la ville de Kiel pour lui permettre de poursuivre ses recherches de produits et de marchés alternatifs.

À MBB Aerospatial à Brême, les travailleurs ont réagi aux pertes d'emplois liées à la terminaison du contrat de fabrication des avions militaires Tornado, en proposant 62 produits alternatifs, y compris des capteurs solaires, et des équipements pour le transport et le stockage de l'énergie. À MBB à Augsburg, le comité d'utilisation alternative a agi comme catalyseur pour la création d'une association entre la direction de MBB et le gouvernement municipal d'Augsburg. En 1988, on a mis sur pied le «Projet PUR» pour explorer comment l'expertise de MBB pourrait être appliquée aux problèmes environnementaux. Au départ, on s'est préoccupé d'améliorer l'efficacité énergétique et de réduire la pollution des firmes de textiles dans la région; plus tard, le groupe tentera de développer des technologies rendant le système de transport en commun moins polluant et moins bruyant.

Environ 190 000 emplois et 3,5 pour cent du PNB en Allemagne sont tributaires de la production d'armement. Il s'agit d'un niveau de dépendance beaucoup moins important qu'en France ou en Angleterre. Le principal problème dans les années à venir sera les pertes d'emplois dans les bases militaires et chez leurs fournisseurs. En 1990, l'armée de l'Allemagne de l'Ouest comptait 495 000 personnes. Le gouvernement a l'intention de réduire ce nombre à 370 000 pour l'ensemble du pays avant 1995. Les Sociaux démocrates ont proposé une armée de 200 000 personnes. En même temps, on s'attend à des réductions substantielles dans les troupes de l'OTAN stationnées en Allemagne. Au moins 400 000 soldats étrangers et un nombre équivalent de dépendants dépensent plus de 15 milliards de dollars par année sur le sol allemand, ce qui représente quelque 190 000 emplois, auxquels il faut ajouter 120 000 civils additionnels travaillant sur les bases de l'OTAN[8]. De plus, dans l'ancienne République démocratique allemande (RDA), la production militaire a été réduite de façon draconienne et un grand nombre de soldats a été démobilisé. Près de 100 000 travailleurs ont été affectés[9].

Cette situation provoque évidemment beaucoup d'inquiétude. Les gouvernements locaux et régionaux tentent de prévoir les dislocations à venir et les moyens pour y faire face. Le gouvernement de Rheinland-Pfalz, où 9 pour cent de l'emploi est lié au militaire, a préparé un rapport sur les conséquences économiques du retrait des troupes américaines et a proposé un programme de construction et de réparation d'infrastructures, qui serait appuyé par le gouvernement fédéral et qui tenterait de réduire l'impact d'une économie militaire en déclin. Le gouvernement de Schleswig-Holstein a commandé une étude sur l'avenir d'une base navale à Flensburg et examine la possibilité de financer un institut de recherche sur la reconversion à l'Université de Kiel. À Brême, une Fondation pour la reconversion militaire a été fondée en 1989 avec l'appui du gouvernement local.

---

8. Michael Renner, *op. cit.*, p. 53.
9. Transport and General Workers Union, *Alternative Employment for European Defence Industries*, document de recherche, octobre 1990, p. 14.

Un projet de loi sur la reconversion a été déposé au parlement de l'État de Bavière par le Parti Vert. À Munich, les membres sociaux-démocrates du conseil municipal, les Verts, et la Coalition en faveur de la reconversion ont demandé au gouvernement municipal d'étudier l'économie militaire de la région, d'examiner son potentiel de reconversion vers la protection environnementale, et de créer un conseil pour la reconversion. À Baden-Württemberg, l'opposition sociale-démocrate a préparé une étude sur l'industrie militaire, proposé une série de mesures pour la reconversion vers le civil et demandé à l'État de formuler une politique de diversification.

Une enquête auprès de producteurs allemands de la défense révèle que plusieurs d'entre eux se sont engagés dans la diversification dans les cinq dernières années. Krauss-Mafei à Munich, par exemple, a réduit la part du militaire dans la production totale de 53 pour cent à 33 pour cent entre 1988 et 1991, en augmentant ses activités civiles, principalement dans les matériaux plastiques et la machinerie. De même MBB, Diehl et Krupp Atlas Electronik ont tenté avec un certain succès de diversifier leur production. Le défi qui se pose à l'Allemagne est cependant d'envergure et les entreprises ne pourront, laissées à leurs propres moyens, éviter d'importantes pertes d'emplois.

Italie

C'est seulement depuis la fin des années quatre-vingt, avec la détente est-ouest, la chute des exportations militaires et les pressions du mouvement syndical, que la reconversion/diversification est devenue une préoccupation majeure en Italie. Contrairement aux autres pays occidentaux, les dépenses liées à la défense continuent d'augmenter en Italie depuis quelques années. Dans l'ensemble, la croissance de la demande en armements en provenance du ministère de la Défense italienne a servi à compenser pour la chute considérable des exportations dans ce secteur.

De façon générale, les firmes italiennes ne semblent pas prêtes à faire face aux coupures qu'on anticipe pour les années à venir. On a consacré plus d'efforts dans le lobbying pour obtenir de nouveaux contrats de défense que dans la planification de nouvelles productions civiles. Seulement quelques firmes, y compris Aeritalia, Selenia et Galileo, ont examiné les perspectives d'une diversification limitée vers le civil, surtout pour combler les «temps morts» entre les contrats militaires. Il s'agit donc de projets à court terme dont les technologies se rapprochent du militaire.

Plusieurs projets de loi sur la reconversion sont présentement devant le Parlement. La plupart se réfèrent aux politiques existantes sur l'emploi et le développement industriel, et proposent la création d'un Fonds pour la reconversion au ministère de l'Industrie, afin de financer la recherche, le développement, la production et la mise en marché de nouveaux produits, tout en contraignant les employeurs à préserver leur niveau actuel d'emploi, et en prévoyant des ressources pour le recyclage de la main-d'œuvre[10]. En 1989, le ministère de l'Industrie a établi une commission pour étudier le potentiel de reconversion des firmes militaires contrôlées par l'État (environ la moitié). Même si la commission ne possédait pas de mandat clair, elle a déposé un rapport

10. Mario Pianta, *The National Experience of Italy*, Conférence à Moscou sous les auspices des Nations Unies, 14 août 1990, p. 20.

suggérant que des programmes gouvernementaux dans différents secteurs deviennent une solution de rechange à la production militaire.

Au cours des récentes années, la Fédération italienne des métallurgistes (FLM) a poursuivi des études, des débats et des activités d'information parmi les travailleurs et les délégués syndicaux dans les principales entreprises de fabrication d'armement du pays afin d'examiner les possibilités d'une reconversion progressive de la production à usage militaire en production civile. Ces efforts ont été rendus plus difficiles à cause des divisions internes du mouvement syndical. En effet, les travailleurs de la métallurgie sont divisés en trois syndicats concurrents. Cela n'a pas empêché les syndicats de la métallurgie, en mai 1989, de réclamer conjointement une politique active de reconversion, la sécurité d'emploi et un fonds national pour financer des projets civils spécifiques.

L'initiative syndicale la plus importante, cependant, a sans aucun doute été l'inclusion dans certaines conventions collectives de clauses de diversification. À Galileo à Florence, le contrat prévoit que l'entreprise devra augmenter la part de la production civile qui est présentement de 40 pour cent. À Aermacchi, une compagnie aéronautique presque entièrement consacrée au militaire, l'accord de 1989 contraint la compagnie à informer les syndicats de ses activités militaires et à augmenter ses efforts de diversification. En réponse aux pressions, la compagnie a d'ailleurs décidé en 1990 de s'associer avec la firme allemande Dornier pour produire pour la première fois un petit avion civil. Des négociations se poursuivent dans d'autres firmes avec des objectifs semblables.

Plusieurs groupes sociaux italiens se sont également joints à la lutte en faveur de la reconversion. L'Association pour la paix et l'Union des scientifiques

pour le désarmement ont tenu une conférence internationale sur la reconversion en mai 1989 à Bologne,
et ont fait campagne, avec l'aide de groupes religieux,
syndicaux et environnementaux, pour des réductions
de 20 pour cent dans le budget militaire italien pour
les quatre prochaines années. L'initiative, ainsi que les
propositions en faveur de la reconversion, ont gagné
de nombreux appuis dans le parlement italien. Depuis
quelques années, un réseau d'«observatoires de l'industrie militaire» a émergé. Avec l'aide et la participation des syndicats, des chercheurs et des groupes
pacifistes, ceux-ci analysent les impacts régionaux et
locaux de l'industrie militaire et le potentiel pour la
reconversion. Les observatoires ont adopté une
méthodologie commune, tiennent des séminaires
conjoints sur la reconversion, publient ensemble un
bulletin d'information, et viennent de se doter d'un
organisme national de coordination. Les groupes les
plus actifs à l'heure actuelle se situent à Milan, Gênes,
Florence, Bologne et Rome.

Archivio Disarmo à Rome, par exemple, a entrepris en 1987 une étude de cinq entreprises militaires
dans les secteurs de l'électronique et de la machinerie,
dans le but de mettre de l'avant un plan de reconversion industrielle au niveau local. En consultation
avec les délégués syndicaux, Archivio Disarmo a identifié une quarantaine de produits alternatifs qui
pourraient être fabriqués avec des technologies existantes, avec emprise sur l'environnement et la méde-
cine préventive. À Florence, l'Institut de recherche
sociale et économique prépare une banque de données
régionale et une étude de diversification pour une
petite entreprise électronique. L'Union des scientifiques pour le désarmement, également à Florence, a
complété une recherche sur les applications civiles des
caméras infrarouges produites par l'entreprise Galileo.

Le syndicat de cette compagnie revendique à l'heure actuelle la fabrication de ces nouveaux produits.

En l'absence de résultats concrets au niveau du gouvernement national, ce sont surtout les gouvernements régionaux qui ont pris des initiatives pour la reconversion. Le gouvernement de Liguria, la région italienne la plus dépendante de la production militaire, a commandé un rapport sur les impacts de l'industrie militaire locale et les possibilités de diversification. Les autorités de la Toscane ont publié des monographies sur la situation des entreprises militaires de la région et ont subventionné des groupes locaux pour effectuer de la recherche additionnelle. Le gouvernement lombard, finalement, a manifesté son intention de financer une étude sur la reconversion et les solutions de rechange civiles dans la région très dépendante du militaire de Brescia[11].

De façon générale, l'Italie possède des avantages importants par rapport à la plupart des autres pays européens, pour effectuer une transition relativement aisée vers la production civile, mais à condition que des politiques en ce sens soient adoptées rapidement. En effet, l'Italie n'a pas encore subi de pertes d'emplois majeures dans son secteur militaire; ses entreprises sont plus petites et plus diversifiées que ses autres concurrents européens; elles sont concentrées dans des régions en pleine croissance économique, où des emplois qualifiés sont disponibles; les technologies militaires italiennes sont relativement adaptables à la production civile; et l'industrie militaire contrôlée par l'État est importante, ce qui permettrait au gouvernement national de mettre de l'avant plus facilement des productions civiles basées sur une nouvelle affectation des budgets nationaux.

---

11. Michael Renner, *op. cit.*, p. 55.

Suède

Comme l'Italie, la Suède profite d'une situation relativement favorable à l'égard d'une éventuelle reconversion. En effet, le nombre de personnes et d'entreprises qui seraient touchées par la reconversion/diversification est relativement modeste. Environ 85 000 personnes dépendent de la défense. Parmi celles-ci, 50 000 sont à l'emploi des forces armées, et 20 000 travaillent dans la production militaire. Parmi les principaux producteurs militaires, seulement deux, Bofors et l'entreprise publique FFV Ordnance, sont fortement spécialisées dans le militaire. Il n'y a aucun comté en Suède où l'emploi militaire dépasse 6 pour cent de la main-d'œuvre totale. La part de la défense dans le PNB est en chute constante depuis les années soixante. Aujourd'hui, elle se situe à moins de 2,5 pour cent. Le nombre de militaires actifs et de bases est également en baisse. Enfin, la Suède a réduit ses dépenses de R-D militaire, préférant acheter des brevets étrangers et participer à des projets conjoints avec d'autres pays européens[12].

Parmi les gouvernements occidentaux, c'est sans doute celui de la Suède qui a démontré le plus de sympathie à l'égard de la reconversion. La Suède est le seul pays à avoir donné suite à la suggestion de l'Assemblée générale des Nations Unies à l'effet que les États membres devraient effectuer une étude détaillée de leurs industries militaires. Publiée en 1984 et connue sous le nom de «Rapport Thorson» (c'est la sous-secrétaire d'État Inga Thorson qui a présidé le comité), l'étude proposa la création d'un Conseil du désarmement et de la reconversion et d'un Fonds national

---

12. Bjorn Hagelin, «The Prospects for Conversion in Sweden», *The New Economy*, vol. I, n° 2, octobre 1989, p. 6.

pour la reconversion financé par un prélèvement de 5 pour cent sur les exportations d'armes. On suggéra aussi la mise sur pied de Fonds dans chaque entreprise militaire qui seraient constitués en prélevant un pour cent de la valeur des contrats militaires du pays[13]. Déjà en 1979, une commission publique d'enquête, chargée d'examiner les possibilités et les moyens pour les industries militaires de développer une production civile, fut mise en place. Cette commission, où siégeaient les interlocuteurs sociaux, a présenté deux rapports. Le premier décrivait les industries liées à la défense et donnait un aperçu des expériences déjà acquises en matière de diversification dans les industries d'armement. Le second formulait des propositions pour un appui du gouvernement et des collectivités au processus de diversification. Il proposait, entre autres, que les pouvoirs publics achètent de nouvelles technologies civiles selon la méthode pratiquée lors de l'achat de technologies militaires.

Le gouvernement suédois a connu des succès étonnants dans la reconversion des chantiers navals. En effet, en 1985 et en 1986, il annonça la fermeture définitive de deux grands chantiers navals, Uddevalla sur la côte ouest, et Kockams à Malmö. Suite à une collaboration étroite entre les collectivités locales, l'industrie privée et les agences pour l'emploi, et à des appuis financiers du gouvernement (infrastructure, formation et recyclage de la main-d'œuvre et subventions), les chantiers ont été repris par Volvo et Saab, et sont en passe de devenir de nouvelles usines automobiles modernes. À Landskrona, les syndicats et les groupes communautaires ont participé à la reconversion d'un autre chantier naval condamné à la fermeture. Ils ont lancé cinquante nouvelles entre-

---

13. Michael Renner, *op. cit.*, p. 56.

prises sur le site de l'ancien chantier, et 1 650 et 2 322 travailleurs congédiés ont pu y trouver des emplois. Parmi les nouvelles productions, notons des fenêtres d'aluminium, des outils pour couper la viande, des systèmes innovateurs pour recycler les métaux et des appareils pour malentendants.

Néanmoins, et malgré l'intérêt que continue de manifester le ministère des Affaires étrangères, le gouvernement suédois a refusé d'adopter des moyens d'action concrets pour promouvoir la reconversion des industries militaires vers le civil. Les entrepreneurs ne veulent pas plonger dans la reconversion sans subsides gouvernementaux. La pression se fait cependant de plus en plus forte. On estime qu'environ 5 000 emplois seront perdus avant 1995. Bofors, par exemple, a réduit le nombre de ses travailleurs d'un tiers.

Union soviétique

Avec ses 4 millions de soldats et 6 millions de travailleurs de la défense, l'Union soviétique constitue, avec les États-Unis, le pays le plus dépendant du militaire. En 1987, les crédits affectés à la défense ont atteint un sommet de 8,4 pour cent du PNB[14]. Un cinquième de toute la production industrielle pendant les années 80 a été consacré à la production militaire, y compris deux tiers dans l'aérospatiale et la construction navale, et un tiers dans les produits métalliques et la machinerie.

---

14. A. Samorodov, «La reconversion de l'industrie de la défense soviétique et ses conséquences pour la main-d'œuvre», *Revue internationale du travail*, vol. CXXIX, n° 5, 1990, p. 614.

Le Traité sur la destruction des missiles à portée intermédiaire et à courte portée, signé en décembre 1987 par l'Union soviétique et les États-Unis, a constitué l'amorce d'un processus de coupures radicales dans le secteur de la défense et a concrétisé l'idée de la reconversion. Selon les bilans diffusés en 1990, le Traité FNI permettra à l'Union soviétique d'effectuer des économies de 465 millions de dollars américains. Plus important, cependant, les autorités soviétiques ont décidé de réduire unilatéralement la production d'armes de 19,5 pour cent entre 1988 et 1990. Pour la période allant de 1991 à 1995, la production de chars d'assaut sera réduite de 52 pour cent, celle d'avions militaires de 12 pour cent, celle d'hélicoptères de 60 pour cent et celle de munitions de 20 pour cent. Entre 1988 et 1991, les dépenses militaires ont été réduites de 15,5 milliards de dollars. Des coupures additionnelles allant jusqu'à 40 pour cent du budget de la défense sont prévues pour les cinq prochaines années. Il faudra de plus tenter de trouver des emplois pour les quelques 500 000 soldats démobilisés.

En 1988, l'Union soviétique a présenté à l'Assemblée générale des Nations Unies une proposition visant à «passer de l'économie des armements à l'économie du désarmement», et s'est engagée

> à préparer et présenter un plan national de reconversion qui s'insère dans le cadre de ses efforts de restructuration économique; à mettre au point, à titre expérimental, des projets de reconversion de deux ou trois entreprises d'armement au cours de 1989; à rendre publique son expérience de redéploiement du personnel de la défense et d'utilisation à des fins civiles d'installations et d'équipements de ce secteur[15].

---

15. M. Gorbatchev, «Discours à l'Organisation des Nations Unies», Moscou, Agence de Presse Novosti, 1988, p. 27.

Même si la reconversion a débuté au milieu des années 80, ce n'est qu'en 1989 que le gouvernement soviétique a commencé à mettre au point un programme systématique de diversification des industries de la défense et l'affectation des capacités ainsi libérées à la production de biens de consommation, de biens d'équipement pour l'industrie légère et l'agro-industrie, et de matériel pour le commerce de détail, la restauration et les services de santé publique. À travers le pays, plus de 600 entreprises produisant du matériel militaire ont commencé à se diversifier vers la fabrication civile. En réalité, il y a longtemps que la plupart de ces entreprises produisent non seulement des biens de consommation, mais aussi des biens d'équipement et de l'outillage pour les entreprises du secteur civil. En 1989, 40 pour cent de la production de l'industrie de la défense de l'URSS était déjà destinée à des applications civiles; en 1995, cette proportion s'approchera des 60 pour cent.

Il faut noter, cependant, que la bureaucratie militaire conserve l'essentiel du contrôle sur les entreprises qui se sont reconverties ou diversifiées. Dans les années à venir, on s'attend à ce que la Commission nationale pour promouvoir la reconversion, créée en 1989 et assistée par des groupes de travail de différents ministères, donne des directives en matière de gestion comptable et commerciale des entreprises, impose le paiement par les civils du droit d'utiliser les résultats de la R-D de pointe des anciennes entreprises de la défense, prévoie les moyens nécessaires pour la formation, le recyclage, le placement et la rémunération des travailleurs mis en disponibilité et mette au point un système de protection sociale pour l'ensemble des personnels de l'ancien secteur de la défense.

C'est dans le secteur agro-alimentaire que la contribution des usines militaires sera sans doute la plus forte. En effet, on prévoit livrer 55 milliards de dollars de nouveaux équipements à l'industrie alimentaire entre 1990 et 1995, construire 20 000 nouvelles usines de transformation de produits agricoles, et en rénover 40 000 autres. Le complexe militaro-industriel produira notamment pour le secteur agro-alimentaire des équipements pour le traitement du lait, des machines pour abattoirs, des équipements pour boulangeries et confiseries, des machines à traiter fruits et légumes et des équipements pour conserveries et empaqueteuses[16].

Plusieurs entreprises militaires se sont également diversifiées dans d'autres secteurs. Une usine de missiles SS20 à Votkinsk, par exemple, dont la production a été touchée par le Traité FNI, a recyclé 150 travailleurs en cours d'emploi sur les lieux de travail. Pendant la période de formation, qui a duré environ six mois, ils ont touché la totalité de leur salaire antérieur et n'ont donc subi aucune perte financière. Le coût de cette opération a été estimé à un demi-million de roubles. L'usine de Votkinsk produit maintenant des machines-outils sophistiquées, des fraiseuses, des machines à laver, des voitures d'enfant, des machines de mise en boîte et de mise en bouteille et divers équipements.

À Kingisepp, une manufacture de vêtements d'enfants s'est installée dans un ancien établissement militaire. L'usine M. Krunichev à Moscou, qui participe à l'effort spatial soviétique, fabrique des tricycles, des tentes de tourisme, des meubles de cuisine, et des outillages pour artisans. Une entreprise de la défense à Kiev manufacture de l'équipement médical et assemble notamment les pièces des systèmes de diagnostic

---

16. Françoise Barry, «La reconversion de l'industrie de défense soviétique», *Le Courrier des Pays de l'Est*, n° 343, octobre 1989, p. 25.

par ultrasons. Le Combinat minier et métallurgique de la Caspienne, produit, outre l'uranium, de l'acide sulfurique et des engrais minéraux.

L'Union soviétique a aussi procédé à la reconversion des matériels militaires déjà en service. C'est ainsi qu'à Odessa une entreprise se charge actuellement de transformer certains éléments des plates-formes de lancement de missiles motorisées en pièces utilisables pour la construction des grues lourdes[17]. On monte également certains engins de levage télescopique spéciaux sur les anciens camions tout terrain qui transportaient les missiles SS-20. De même, les citernes fixes ou mobiles où était entreposé le combustible liquide pour fusée pourront être enlevées des rampes de lancement en Europe, et reconverties à des usages civils, pour équiper, par exemple, des systèmes d'adduction d'eau et d'irrigation.

Les succès incontestables de plusieurs expériences de reconversion/diversification ne doivent pas masquer les énormes difficultés du processus. Ce n'est pas parce que l'économie soviétique est planifiée que la reconversion est nécessairement facilitée. En effet, la bureaucratie est lourde, et on note des faiblesses importantes dans la coopération entre ministères et administrations. Inévitablement, les profits dans les usines reconverties sont souvent en baisse, le secteur militaire n'étant pas habitué tout comme en Occident, à contrôler les coûts. Un grand nombre d'industries dans le secteur de la défense étant en position de monopoles, les ressources productives n'ont pas toujours été utilisées de la manière la plus efficace. Le système de gestion n'a pas non plus favorisé la productivité ou la qualité d'exécution. Dans le cas des machines à laver par exemple, les coûts de production dans certai-

17. A. Samorodov, *op. cit.*, p. 629.

nes usines ont représenté le double des coûts dans les unités de production civiles. Il faut ajouter que la valeur marchande des produits civils est normalement très inférieure à celle des armements, et que les produits civils nécessitent en général un niveau de technologie moins élevé, ce qui pose, là encore, le problème de la rentabilité des capacités de production. En revanche, l'économie soviétique est actuellement en proie à de graves pénuries, et l'existence d'une forte demande non satisfaite de toutes sortes de biens, entre autres de consommation, peut faciliter la reconversion.

L'expérience soviétique montre que le choix d'un nouveau type de production est capital pour la rentabilité de l'exploitation envisagée et l'usage judicieux de la main-d'œuvre. Jusqu'à maintenant, les produits civils alternatifs n'ont pas toujours été bien adaptés aux ressources des usines militaires. De 585 biens de consommation qu'on a tenté de fabriquer en 1988-1989, seulement 126 ont été produits avec succès. La bureaucratie au niveau national exerce une influence importante sur la sélection des produits pour les entreprises militaires individuelles, et ces choix se font souvent sans prendre en compte les conditions et les capacités locales.

En URSS, comme dans d'autres pays, le personnel des entreprises de l'industrie de défense est hautement qualifié, mieux rémunéré et jouit de plus de privilèges et avantages accessoires que la plupart des travailleurs. Pour la majorité des nouvelles activités civiles, par ailleurs, les salaires sont moins élevés, la main-d'œuvre est moins qualifiée et le nombre requis de travailleurs spécialisés et d'ingénieurs est moindre. Inévitablement, donc, les dirigeants et les employés montrent peu d'empressement à l'égard de la reconversion et de la diversification. Néanmoins, les travailleurs en cours de recyclage ont droit à leur salaire antérieur, et ceux qui doivent changer d'emploi, et dont le revenu est amputé du fait de ce changement, touchent pendant un an un complément de salaire jusqu'à concurrence de leur salaire moyen précédent.

Un autre obstacle à la reconversion/diversification en URSS provient du manque d'informations et de transparence concernant les ressources affectées au secteur militaire. Les industries de défense ont toujours fonctionné sans limites budgétaires et sans contrôle des coûts. Un programme réaliste de reconversion ne peut être élaboré qu'avec un système de coûts et de prix, qui permettrait d'évaluer la part du militaire dans l'économie et le potentiel de reconversion vers le civil. Par ailleurs, l'expérience soviétique nous enseigne que l'on peut faciliter la reconversion en levant le secret qui entoure le secteur de la défense, et trouver ainsi plus aisément comment utiliser au mieux les technologies sophistiquées de ce secteur dans la production civile. Jusqu'à récemment, les entreprises civiles de l'URSS étaient totalement coupées des résultats de la R-D du secteur de la défense, contrairement à d'autres pays qui ont su mettre en place des filières qui permettent au secteur de la production civile de bénéficier des technologies de pointe du secteur de la défense.

Malgré les nombreuses difficultés auxquelles devront faire face les initiatives de reconversion/diversification, et même si les résultats jusqu'à ce jour demeurent somme toute modestes par rapport aux objectifs, certains facteurs laissent croire que le processus a des chances de se faire dans de bonnes conditions en URSS: la plupart des entreprises du secteur de la défense consacrent déjà une partie de leur activité à la production civile; il existe une forte demande insatisfaite pour des produits manufacturés de meilleure qualité; enfin, la situation du marché de l'emploi, notamment à cause des nouvelles productions civiles à plus fort coefficient de main-d'œuvre, est telle qu'une forte poussée du chômage est peu probable.

Chine

Comme en URSS, la reconversion et la diversification en Chine sont inextricablement liées aux tentatives de réformer l'ensemble du système économique, et d'introduire au moins certains éléments des économies de marché. Incontestablement, par ailleurs, la Chine est le pays au monde où les coupures dans la défense ont été les plus importantes et où la diversification des industries militaires vers le civil a été la plus massive et systématique.

Dès 1985, la Commission militaire du Parti communiste chinois, qui est l'organe décisionnel le plus influent sur les questions de défense, a jugé qu'une guerre majeure était improbable dans un avenir prévisible et qu'il y avait donc lieu d'effectuer des réductions significatives dans les dépenses militaires. En fait, les coupures avaient déjà commencé à la fin des années 70, reflétant la détente dans les relations sino-soviétiques. Dorénavant, la sécurité était davantage définie en fonction de critères économiques, et la modernisation militaire passait au quatrième rang des «quatre modernisations», après l'agriculture, l'industrie et la science et technologie. Entre 1978 et 1987, la proportion des dépenses militaires dans le PNB est passée de 12 pour cent à 5 pour cent. Les forces armées durant la même période ont été réduites de 1,2 million de soldats. Les dépenses militaires après inflation ont été amputées du tiers[18]. Elles représentent aujour-d'hui moins de 10 pour cent des dépenses gouverne-mentales, en comparaison avec 17,5 pour cent en 1979.

À la fin des années soixante-dix, après une longue période d'expansion de la capacité militaire chinoise, et face au sous-développement de l'économie civile et à la pénurie de biens de consommation, le gouverne-ment décida de commencer à utiliser les entreprises militaires, qui possèdent les usines les plus modernes au pays, pour approvisionner les marchés civils. Au départ, le gouvernement ne formula pas de plans précis concernant le choix ou la quantité des produits devant être assignés aux différentes usines. On se con-tenta de rendre les entreprises responsables de leurs propres profits et pertes, et de leur offrir des avantages fiscaux et des prêts à des taux préférentiels.

En 1978, la production civile dans les entreprises militaires représente 40 pour cent du total; aujour-d'hui, la proportion est de près de 70 pour cent. Ces usines militaires chinoises produisent plus de 400 biens de consommation divers, y compris des bicy-clettes, des voitures, de la machinerie pour les textiles, des laveuses, des appareils de télévision et des instru-ments médicaux. Environ 17 pour cent des entreprises ont été reconverties, c'est-à-dire qu'elles ont aban-donné entièrement la production militaire en faveur d'activités civiles; 10 pour cent continuent à se consa-crer exclusivement à la production pour la défense; et 73 pour cent, de loin le groupe le plus important, se sont diversifiées, c'est-à-dire qu'elles fabriquent à la fois des biens civils et militaires[19]. Notons que le gou-vernement a versé 540 millions de dollars aux entre-

---

18. Marta Dassù, «The Problem of Reconversion of the Military Industry», conférence prononcée à Rome, novembre 1988.
19. Michael Renner, *op. cit.*, p. 28.

prises militaires situées dans des régions peu accessibles pour leur permettre de relocaliser une centaine d'usines près des centres urbains[20]. La reconversion a aussi touché d'importantes infrastructures militaires. Ainsi 590 aéroports militaires, 20 ports, 300 lignes de chemin de fer et 30 lignes de télécommunication ont été réaffectés à des usages civils. Les hôpitaux militaires sont maintenant accessibles aux patients civils.

Il est important de souligner que les usines qui diversifient leur production développent une capacité dans le secteur civil sans abandonner leur potentiel militaire. Dans la plupart des cas, les usines pourraient, si elles en recevaient l'ordre, retourner rapidement à la production militaire. Elles doivent donc utiliser des technologies qui conviennent à la fois aux activités militaires et civiles, et poursuivre leurs efforts de R-D en fonction d'un double impératif. Plusieurs entreprises militaires chinoises ont également choisi d'accentuer leurs exportations d'armes. Ceci leur permet notamment de financer l'acquisition de technologies militaires étrangères. À l'heure actuelle, 20 pour cent de la production militaire est exportée. Entre les années soixante-dix et le milieu des années quatre-vingt, la part des exportations chinoises sur le marché mondial de l'armement est passée de 2 pour cent à 4 pour cent.

Parmi les cas les plus intéressants de diversification vers le civil, mentionnons l'entreprise chimique Xiangdong dans la province de Lianonung, qui fabrique aujourd'hui 19 produits civils différents, y compris le verre, le ciment, des laminés et des laina-

---

20. C. Z. Lin, «Employment Implications of Defence Cutbacks in China», in Liba Paukert et Peter Richards, *Defence Expenditure, Industrial Conversion and Local Employment*, Genève, Bureau international du travail, 1991.

ges. Environ un quart de la production de l'usine se situe actuellement dans les secteurs civils, et, selon la direction, c'est ce qui a permis à l'entreprise de redevenir rentable. L'entreprise aéronautique Nanchang dans la province de Jiangxi est un des principaux producteurs d'avions militaires au pays. Avec la baisse des commandes militaires à partir de 1978, la compagnie essuya des pertes importantes. À partir de 1982, elle s'orienta vers les marchés civils, et produit maintenant des instruments électroniques, des motocyclettes et des machines pour transformer les aliments. Environ 70 pour cent de la production actuelle est destinée au marché civil.

Même si certaines entreprises militaires n'ont pas réussi à relever le défi de la concurrence sur les marchés civils et même si d'autres ont été incapables de se diversifier vers le civil, l'expérience chinoise peut être considérée comme un succès. Contrairement aux usines soviétiques, par exemple, la plupart des compagnies chinoises ont réussi à offrir sur les marchés civils des produits de qualité à des prix concurrentiels.

CHAPITRE 5

Bilan et perspectives

L'analyse de la situation que nous avons présentée démontre clairement les difficultés considérables associées au processus de diversification, et encore plus de reconversion, des entreprises du secteur militaire. Nous tenterons maintenant de tracer un bilan d'ensemble des différentes expériences, en soulignant principalement les obstacles et les difficultés à surmonter. Nous insisterons sur les attitudes et le rôle des directions d'entreprises, des syndicats ouvriers et des gouvernements. Enfin, nous examinerons les conditions susceptibles de contribuer au succès d'une démarche de reconversion/diversification.

Les obstacles à la reconversion/diversification

Les principaux obstacles à la reconversion ne sont pas techniques ou économiques, mais politiques. À un premier niveau, la tiédeur des gouvernements occidentaux s'explique en bonne partie par l'opposition de ce que le président Eisenhower a appelé jadis «le complexe militaro-industriel». Les dirigeants de l'armée et de la Défense, ainsi que ceux des entreprises militaires voient d'un très mauvais œil les réductions dans les budgets de défense. Leur pouvoir politique et économique, leur «utilité sociale», et donc leur prestige, sont clairement mis en cause par les nouvelles tendances mondiales. Il n'est pas étonnant que le complexe se soit opposé avec vigueur aux tentatives de redéfinir la politique de défense et de sabrer dans les dépenses militaires. Pour ce faire, il a utilisé tous les arguments liés à la «sécurité», ou aux différentes menaces qui découlent de l'instabilité de la conjoncture internationale, ainsi que ceux liés au développement économique. On a prétendu notamment que le «keynésisme militaire» était un instrument essentiel et irremplaçable de la prospérité économique, parce qu'il contribuait à créer des emplois et générait des retombées technologiques pour l'industrie civile[1].

Dans ce contexte, le mouvement en faveur de la reconversion/diversification est perçu comme particulièrement «subversif» et dangereux. Si cette option acquiert une certaine crédibilité auprès de l'opinion et des travailleurs, et se traduit éventuellement par des politiques gouvernementales de soutien, les pressions en faveur de la réduction des dépenses militaires s'en trouveront renforcées. On insiste donc pour dire que la planification pour la reconversion/diversification est non seulement impraticable, mais qu'elle est de toute manière inutile parce que le «marché» s'ajustera automatiquement aux réductions dans les dépenses militaires. Les gouvernements, de leur côté, ne veulent pas voir s'ouvrir un nouveau front pour le financement des entreprises et, dans le cas de l'establishment militaire tout au moins, s'accélérer les pressions politiques déjà fortes en faveur de la démilitarisation.

1. Seymour Melman, *The Demilitarized Society*, Montréal, Harvest House, 1988, p. 21.

Pour les dirigeants des entreprises militaires, les coupures impliquent nécessairement une perte de pouvoir et de privilèges. En effet, ils exploitent des marchés qui sont garantis par les gouvernements, et produisent des biens et services qui sont vendus avant d'être produits. L'économie militaire assure des profits élevés, et constitue une source importante de financement de l'innovation technologique et de retombées pour les activités civiles. Les producteurs militaires ont un accès privilégié aux ressources financières, techniques et scientifiques de l'ensemble de la société, et les armes qu'ils développent et fabriquent comportent des retombées majeures pour la politique intérieure et étrangère de leurs pays. Pas étonnant, donc, qu'ils ne contemplent pas avec beaucoup d'enthousiasme la fin de la course aux armements et la reconversion.

Les dirigeants d'entreprises s'inquiètent également pour leurs droits de gérance. Dans la mesure où il implique souvent la participation des travailleurs, des communautés locales et des gouvernements, le processus de reconversion/diversification peut réduire la marge d'autonomie des entrepreneurs et avoir des effets d'entraînement dans les différentes activités de la firme. Certains entrepreneurs ont préféré la fermeture plutôt que d'abandonner une partie de leurs prérogatives.

Malgré l'importance des obstacles politiques, il ne faut pas sous-estimer les difficultés économiques considérables de la reconversion/diversification. Au niveau général, soulignons d'abord que l'industrie militaire maximise ses profits en augmentant ses coûts et ses subventions gouvernementales. L'entreprise civile, d'un autre côté, tente de minimiser ses coûts de production, notamment en cherchant à améliorer la productivité. Selon Seymour Melman, la compétitivité de l'industrie américaine a décliné en partie parce qu'une grande partie de son économie a fonctionné dans un contexte où il était avantageux de maximiser les prix et les coûts. Il est convaincu que seules les ressources présentement affectées au militaire permettraient à l'économie américaine de retrouver sa compétitivité[2]. Soulignons également que, dans certains cas, parce que les installations sont trop vétustes, trop spécialisées ou trop loin des marchés, par exemple, il ne sera pas possible de trouver des utilisations alternatives pour les usines militaires et les compétences des travailleurs.

L'environnement commercial et concurrentiel d'une firme militaire est fondamentalement différent de celui d'une firme civile. Le temps requis pour développer un produit dans l'industrie de la défense, qui s'étend le plus souvent sur une quinzaine d'années et même plus dans certains cas, est beaucoup plus long que pour l'industrie civile qui doit s'ajuster constamment à un rythme beaucoup plus accéléré. Le secteur de la défense se préoccupe davantage de la performance des produits que de leur prix. De même, les technologies militaires sont beaucoup plus coûteuses que les technologies civiles; dans plusieurs cas, elles n'ont aucune utilité directe sur le plan civil. La transformation complète ou partielle des chaînes de montage exigent évidemment l'adaptation des travailleurs en fonction des nouveaux produits et des nouvelles machines, ce qui entraîne des coûts importants. Selon différentes études[3], cependant, la période de recyclage ne dépasse pas trois mois dans la plupart

---

2. *Ibid.*, p. 26.
3. Investor Responsibility Research Center, *Economic Conversion and Diversification, Analysis*, 7 mars 1989, p. 7.

des secteurs et pour la plupart des ouvriers de la production.

C'est sans doute au niveau de la direction, des ingénieurs et des scientifiques que les problèmes d'adaptation et de réorientation sont les plus importants. D'une part, il s'agit d'employés très qualifiés et spécialisés, dont les compétences ne pourront sans doute pas toutes être utilisées dans les nouvelles productions commerciales. N'oublions pas, en effet, que pour une valeur de production équivalente, l'industrie civile emploie beaucoup moins de scientifiques et d'ingénieurs. D'autre part, les marchés civils, basés sur la concurrence, la minimisation des coûts et une clientèle nombreuse, présentent une dynamique tout à fait différente de celle du marché de la défense, qui valorise avant tout la performance dans un marché qui, le plus souvent, s'adresse à un client unique. Les tentatives par Boeing Vertol et Rohr de produire des équipements de transport avec les mêmes usines, la même direction et les mêmes travailleurs que ceux utilisés pour la production militaire furent un échec, parce que la direction et les employés ont sous-estimé les difficultés de produire des équipements civils à un prix concurrentiel à l'intérieur d'une période de temps donnée. Les compagnies ne réussirent pas non plus à évaluer correctement la taille des marchés potentiels et la capacité de leurs compétiteurs d'offrir des meilleurs prix.

L'adaptation la plus difficile implique probablement les stratégies de mise en marché. Dans le secteur militaire, il s'agit principalement de maintenir de bonnes relations avec les gouvernements et les entrepreneurs principaux, de s'ajuster aux normes et aux règles des politiques d'achat, et de constituer un lobbying efficace. Dans le secteur civil, par contre, il faut organiser des campagnes de publicité, analyser le marché pour évaluer la réceptivité du public à l'égard d'un nouveau produit, établir une politique de prix qui permet la pénétration dans de nouveaux marchés, etc.

Néanmoins, le problème économique principal demeure la découverte de nouveaux marchés pour les produits envisagés. Les ouvriers de Lucas Aerospace Corp d'Angleterre, par exemple, ont identifié 150 produits qui pouvaient être manufacturés dans les usines et avec la machinerie existante. Encore faut-il trouver des marchés rentables pour ces nouveaux produits. Dans le secteur de la construction navale, les marchés civils sont tellement faibles qu'ils ne représentent pas une solution de rechange sérieuse au marché militaire. Par contre, dans les secteurs de l'électronique et des communications, le potentiel de croissance des marchés civils est considérable.

Il ne faut pas oublier, par ailleurs, que la majorité des grands entrepreneurs de la défense sont déjà des entreprises diversifiées qui possèdent une vaste expérience dans le secteur commercial. Aux États-Unis, par exemple, 40 des 50 plus importants producteurs de matériel militaire effectuent plus de la moitié de leurs ventes dans les secteurs commerciaux. Pour ces entreprises, la difficulté se limite donc, la plupart du temps, à la recherche de nouveaux marchés rentables. Nous avons vu précédemment que plusieurs y parviennent avec succès. Dans le cas des entreprises dont les activités se limitent exclusivement à la défense, le défi est beaucoup plus grand.

Les gouvernements, qui sont les principaux, sinon les seuls clients ultimes de la production militaire, ont évidemment un rôle capital à jouer dans la création de nouveaux marchés pour les entreprises militaires. Dans la mesure où elles ne sont pas entièrement consacrées à la réduction des déficits, les ressources libérées par la réduction des dépenses militaires peuvent être investies dans de nouveaux secteurs liés aux besoins socio-économiques nationaux, y compris les infrastructures, la santé, l'environnement, le transport en commun, l'énergie, et l'éducation. Ce transfert de ressources dépendra dans une large mesure du rapport de force politique qui se développera dans les différentes sociétés.

Il va de soi que plus la dépendance d'une entreprise à l'égard du militaire est forte, plus la diversification vers le civil sera difficile. Les petites entreprises qui font de la sous-traitance sont sans doute les plus vulnérables face aux coupures dans le militaire. En effet, non seulement les maîtres d'œuvre auront-ils tendance à effectuer eux-mêmes les travaux confiés aux sous-contractants, mais ceux-ci n'auront pas, la plupart du temps, les ressources, la flexibilité, et l'expertise pour se diversifier ou se reconvertir.

Il ne faut pas croire que les dirigeants des entreprises militaires, malgré leur préférence très nette pour les contrats de la défense, sont complètement fermés à l'égard de la diversification vers le civil. C'est ce que démontre une enquête menée aux États-Unis en mars 1989 par le Center for Strategic and International Studies auprès de 114 compagnies engagées dans la production militaire[4]. Même si, à l'époque, la guerre froide n'était pas encore officiellement terminée, et même si le Pentagone n'avait pas encore dévoilé l'éventail de ses coupures, 44 pour cent des entreprises déclaraient avoir l'intention d'augmenter la proportion de leurs ventes dans le secteur civil. Cette tendance apparaît d'autant plus significative que seulement 5 pour cent des entreprises avaient réo-

---

4. Leo Reddy, *How US Defence Industries View Diversification*, Washington, Center for Strategic and International Studies, 1991.

rienté une partie importante de leur production vers les marchés commerciaux au cours des 15 années précédentes. Néanmoins 56 pour cent des entrepreneurs déclaraient que la diversification n'était pas souhaitable, ni faisable. Cette attitude reflétait sans doute la conviction de plusieurs analystes militaires que les dépenses consacrées à la défense recommenceraient à augmenter à partir de 1994-1995.

Les réponses au questionnaire ont également démontré que les entreprises militaires étaient fortement intéressées à développer des technologies hybrides (*dual-use technologies*), c'est-à-dire pouvant être utilisées à la fois pour des productions civiles et militaires. Parmi les technologies hybrides offrant le plus de potentiel au niveau du marché, notons les télécommunications, la fabrication assistée par ordinateur, la superconductivité, les systèmes de contrôle du trafic aérien, les programmes éducatifs assistés par ordinateurs et les simulateurs. Concernant les domaines civils d'intérêt national auxquels les firmes considéraient pouvoir adapter leurs technologies, le transport venait en tête (40 pour cent des répondants), suivi de la recherche dans les hautes technologies (32 pour cent), l'éducation (27 pour cent), le crime et le contrôle des drogues (24 pour cent), l'environnement (23 pour cent), la santé (16 pour cent) l'énergie (16 pour cent), et les infrastructures nationales (14 pour cent). Selon les dirigeants des entreprises militaires, la meilleure façon pour le gouvernement d'aider le processus de diversification vers le civil était de créer des programmes de R-D dans des ministères autres que la Défense.

Pour un grand nombre de dirigeants, les caractéristiques propres au marché militaire rendaient plus ardue la diversification vers le civil. Ils mentionnaient notamment l'utilisation obligatoire de

pièces et d'équipements construits en fonction de spécifications militaires, les procédures comptables dis-
tinctes pour la production militaire, les techniques de
contrôle de la qualité, le secret militaire qui entoure
les technologies qui pourraient avoir des applications
civiles, et les restrictions au niveau de l'information
et des brevets.

Une autre étude, conduite en octobre 1990 par la
Bank of Boston auprès de 355 contracteurs de la
défense en Nouvelle-Angleterre, confirmait l'ouverture grandissante des dirigeants d'entreprises[5]. En
effet, plus des trois quarts des entreprises avaient pris
au moins une initiative — création de nouveaux
produits, par exemple — dans les trois dernières années pour diversifier leur production dans le secteur
civil. La même proportion croyait qu'il était possible
d'adapter leurs produits et leurs services à des marchés non militaires.

Parmi les autres conclusions de l'enquête, 93 pour
cent des entreprises avaient développé des nouveaux
produits, 45 pour cent s'étaient tournés davantage
vers l'exportation, 78 pour cent avaient augmenté
leurs efforts de mise en marché dans les secteurs
civils, et 34 pour cent avaient procédé à des acquisitions pour avoir accès à de nouveaux marchés.

Le rôle des syndicats et des travailleurs
dans la reconversion/diversification

Comme nous l'avons vu, les travailleurs et les
syndicats ont joué un rôle important dans les tenta-

---

5. Connie Hubbell et Diane Fulman, «New England Defence Contractors
Move to Diversify; Optimistic About Prospects», *Business Wire*, 30 octobre
1990.

tives de reconversion/diversification en Europe. Aux États-Unis, les groupes communautaires, les militants pacifistes et les autorités locales ont conservé la main haute sur la plupart des initiatives. Cela s'explique en partie par la faiblesse du mouvement syndical américain, qui ne regroupe qu'environ 20 pour cent des travailleurs, mais aussi à cause de la nature plus politique de l'action syndicale européenne.

Tant en Europe qu'aux États-Unis, cependant, le mouvement syndical est profondément divisé sur la reconversion. Il est tout à fait conscient de la contradiction potentielle qu'il y a, d'une part, à demander une réduction des dépenses militaires à l'échelle nationale et, d'autre part, au niveau des entreprises à essayer de défendre les emplois existants dans l'industrie de l'armement. Les syndicats se sont, dans l'ensemble, opposés aux revendications qui mettaient de l'avant des raisons morales et politiques pour passer de la production militaire à la production civile. Les travailleurs ne voulaient pas faire les frais des fermetures, des coupures ou d'autres transformations, sans obtenir au préalable des garanties solides quant à l'avenir des emplois. Or, les revendications en faveur de la reconversion se situaient, jusqu'au milieu des années quatre-vingt, dans un contexte de croissance de la production militaire. La reconversion n'était pas en mesure d'assurer une transition sans risque vers le civil. Il n'est pas étonnant que lorsque le sénateur McGovern présenta pour la première fois en 1963 un projet de loi sur la reconversion, aucun syndicat national aux États-Unis, à l'exception du National Farmers Union, ne l'appuya.

Depuis quelques années, cependant, avec les coupures dans le secteur militaire et les sombres prédictions quant à l'avenir, les syndicats ont commencé à composer avec l'inévitabilité et les bienfaits éventuels de la diversification. Les craintes tout à fait légitimes concernant leur avenir et leurs emplois demeurent. En effet, les travailleurs du secteur de la défense bénéficiant en général de meilleures conditions salariales que dans le civil, ils redoutent des réductions éventuelles dans leurs revenus. L'expertise qu'ils ont développée dans le militaire pourrait devenir largement obsolète. La perspective d'une nouvelle formation ou de recyclage peut également s'avérer inquiétante, surtout pour les travailleurs plus âgés. Certains ont peur de provoquer des réactions négatives de la part des employeurs. Il n'en reste pas moins que les travailleurs sont beaucoup moins hésitants aujourd'hui pour des raisons essentiellement économiques, à revendiquer activement la diversification/reconversion. Notons que, tout comme leurs patrons, ils ont souvent commencé à s'intéresser à la reconversion seulement une fois que leurs emplois étaient menacés, et que, dans plusieurs cas, ils sont arrivés trop tard.

Comme on pouvait s'y attendre, ce sont les pays et les entreprises où la participation des travailleurs est la plus ancrée, que les syndicats ont eu le plus de succès à promouvoir des initiatives de reconversion/ diversification. Même là, cependant, les expériences se sont généralement limitées à la préparation de listes de produits alternatifs, et à une éventuelle récupération par l'employeur d'une partie de ces «suggestions». Néanmoins, pour les travailleurs et les syndicats concernés, les projets de reconversion ont constitué un exercice extrêmement utile, qui a augmenté leur assurance et qui, dans certains cas, leur a permis de résister plus efficacement aux intentions de licenciements sur une grande échelle. Comme le soulignait l'Institut syndical européen:

Il est certain que de tels «exercices» au niveau des entreprises doivent être étayés par une action sur le plan politique destinée à la fois à un transfert des dépenses du secteur militaire vers le civil et à soutenir les efforts de reconversion. Il est peu probable que la reconversion ait des chances d'aboutir s'il reste plus profitable de fabriquer des armes et des missiles que des équipements médicaux et des produits permettant d'économiser l'énergie[6].

Pour plusieurs syndicats, la reconversion/diversification, et notamment la création de comités d'utilisation alternative, fournit l'occasion pour faire avancer la «démocratie industrielle», et une plus grande concertation au niveau de l'entreprise. On vise entre autres l'amélioration des conditions de travail, une plus grande satisfaction au travail, des rapports moins hiérarchiques et des progrès dans les domaines de la santé et sécurité. L'importance de poursuivre ces objectifs apparaît évidente. Cependant, dans la conjoncture actuelle, il faudra s'assurer que ces demandes ne constituent pas un frein ou un obstacle de plus dans l'atteinte de l'objectif fondamental, c'est-à-dire le maintien des emplois dans les usines.

Les conditions de succès de la démarche

À mesure que les budgets de la défense seront réduits et que l'économie militaire se transformera, certaines installations militaires ne pourront être reconverties vers le civil. Certaines usines, par exemple, pourraient être trop spécialisées, trop contaminées ou trop coûteuses à transformer. Dans plusieurs cas, cependant, une démarche de reconversion/diversifi-

---

6. Institut syndical européen, *op. cit.*, p. 101.

cation, si elle s'effectue dans des conditions optimales, aura toutes les chances de connaître un aboutissement favorable.

Jusqu'à maintenant, nous avons parlé de diversification et de reconversion, sans tenter de choisir entre les deux options. Lorsque la fermeture d'une base militaire est annoncée, ou lorsqu'une firme perd l'ensemble de ses contrats militaires, la reconversion est sans aucun doute la meilleure stratégie à adopter. Dans la plupart des cas, cependant, la demande militaire s'affaisse graduellement, et il est préférable d'opter pour la diversification. En effet, la diversification comporte plusieurs avantages pratiques. Le développement de nouveaux produits prend du temps — parfois jusqu'à cinq ou six ans — et aussi des ressources. Une entreprise ne peut se permettre une telle opération, à moins d'avoir d'autres sources de revenus pendant la période de transition. Contrairement à la reconversion, la diversification peut être introduite graduellement et sur une petite échelle, ce qui réduit les risques et les coûts. De même, la main-d'œuvre peut être formée et recyclée sur une période de temps adéquate. Les gestionnaires peuvent s'adapter aux marchés civils, les ingénieurs aux exigences du design pour les produits commerciaux, et les techniciens aux nouveaux procédés de production et aux nouveaux équipements.

Avec la reconversion, les travailleurs se font promettre la plupart du temps des emplois hypothétiques. Avec la diversification, la transition vers le civil se fait progressivement, à mesure que les emplois deviennent disponibles. En attendant, on continue à travailler sur les contrats militaires. La diversification est donc non seulement une stratégie plus réaliste, mais aussi beaucoup plus susceptible d'obtenir l'appui indispensable des travailleurs et des syndicats. Elle implique nécessairement une rupture plus progressive avec la production militaire.

Du point de vue des travailleurs impliqués dans la production militaire, il semble également essentiel que la diversification ne soit pas présentée comme une stratégie politique des mouvements pacifistes pour s'attaquer aux dépenses militaires. Le principal objectif du processus est de sauvegarder les emplois et de minimiser les dislocations que les travailleurs et les communautés auront à subir. Par ailleurs, la diversification vers des productions civiles plutôt que militaires constitue une revendication fondamentale, non seulement à cause du déclin prévisible à long terme de la demande liée à la défense, mais aussi à cause du caractère cyclique, instable et peu générateur d'emplois de la production militaire.

L'attitude des gouvernements occidentaux jusqu'à maintenant a été de refuser d'intervenir. Dans le contexte de l'intégration économique, des déficits budgétaires et des privatisations, il n'est pas étonnant que les gouvernements se soient repliés sur des positions de «laisser-faire». Pourtant, comme nous l'avons vu, les enjeux en termes d'emplois, de structure industrielle et de progrès technologiques, sont fondamentaux. L'intervention des gouvernements ne pourra être acquise sans que les groupes concernés, y compris les communautés, les travailleurs et les entrepreneurs, ne mènent une action concertée en ce sens. À un premier niveau, il faudra insister pour que les fonds provenant des réductions dans les dépenses militaires ne soient pas simplement utilisés pour réduire le déficit, mais réaffectés à de nouvelles priorités civiles et, dans la mesure du possible, réinjectés dans les secteurs, les régions et les usines les plus durement touchés.

Ceux qui prétendent que le «marché» réglera les problèmes et que les entreprises s'ajusteront automatiquement et sans grandes difficultés aux nouvelles conjonctures, se trompent et surestiment les connaissances, la vision et les pouvoirs d'analyse des entrepreneurs impliqués. Plusieurs dirigeants auront tendance à fermer leurs entreprises plutôt qu'à affronter les difficultés inhérentes à une transition vers le civil, même dans les cas où les conditions objectives, y compris les qualifications de la main-d'œuvre, les technologies en place, le talent des ingénieurs et la machinerie existante, permettraient de rentabiliser une démarche vers la production commerciale.

La diversification sera grandement facilitée si elle mobilise non seulement les entrepreneurs des firmes en cause, mais aussi les travailleurs, les syndicats, les groupes communautaires, les gouvernements des régions et des municipalités affectées, les centres de recherche et les universités locales. En effet, comme l'ont démontré les chapitres précédents, l'expérience des travailleurs peut être une source importante d'idées pour de nouveaux produits ou de nouvelles méthodes de production. La complicité des travailleurs et de leurs syndicats peut également s'avérer précieuse dans les moments les plus difficiles de la transition. En plus d'appuis techniques et financiers, les autorités municipales ou régionales sont en position pour identifier les besoins locaux en matière d'infrastructures, de santé ou d'environnement, par exemple — qui pourraient servir de bases à de nouvelles productions. Les firmes de R-D locales, ainsi que les bureaux de consultants et les universitaires, peuvent aussi, surtout dans le cas des petites ou moyennes entreprises, fournir l'expertise nécessaire pour développer de nouveaux produits, réorganiser les systèmes de production et faciliter les démarches auprès des gouvernements, des clients et des fournisseurs éventuels. De façon générale, il nous semble essentiel, dans une démarche de reconversion/diversification d'envergure, de regrouper et de mettre à contribution l'ensemble des agents économiques d'une région. Cela permettra d'analyser avec précision les besoins socio-économiques de la région, et de tenir compte des ressources humaines, naturelles et économiques de la communauté.

Afin d'éviter d'assumer leurs responsabilités à l'égard de la reconversion/diversification des entreprises militaires, les gouvernements ont souvent tendance à prétendre qu'il ne s'agit que d'un problème d'adaptation industrielle comme les autres[7]. Or, outre le fait que la diversification a été rendue nécessaire à cause de changements dans les politiques gouvernementales liées à la défense, le passage à la production civile pose des problèmes particuliers, qui sont d'une envergure telle qu'ils exigent l'intervention de l'État. Contrairement à l'entreprise civile, la compagnie du secteur militaire doit développer de nouveaux produits, modifier radicalement son système de mise en marché, et recycler sa main-d'œuvre de façon importante. Elle doit aussi, la plupart du temps, réduire le nombre de gestionnaires, de techniciens et d'ingénieurs. En effet, ceux-ci sont généralement beaucoup plus nombreux dans les entreprises militaires, en partie parce que le contrôle des coûts est moins impérieux. Le gouvernement devra donc prévoir certaines formes d'aide pour la relocalisation des professionnels. Quant à l'équipement et la machinerie des entreprises militaires, ils sont souvent beaucoup plus spécialisés et destinés à des productions coûteuses et souvent peu utiles à la fabrication civile. À un niveau

7. Seymour Melman, *op. cit.*, p. 29.

plus global, l'aide gouvernementale est indispensable parce que la crise dans l'industrie militaire est plus structurelle que conjoncturelle, parce que les secteurs où se concentre l'industrie militaire (l'aérospatiale, l'électronique et les communications, par exemple) sont fondamentaux pour le développement de l'économie, parce que les coupures dans la défense vont affecter durement un certain nombre de régions, et parce que la nature du marché (c'est-à-dire un seul client) rend plus ardue la transition vers le civil.

Une loi nationale sur la reconversion/ diversification: un préalable essentiel

L'importance fondamentale des initiatives locales et d'un rôle majeur pour les instances régionales et municipales et les firmes militaires, ne doit d'aucune façon faire oublier le fait qu'une législation nationale constitue un élément essentiel pour assurer la réussite d'une stratégie ou d'une démarche globale de reconversion/diversification. Les autorités régionales et locales ne possèdent pas, la plupart du temps, le pouvoir politique ou les moyens financiers pour garantir la mise en œuvre des projets de reconversion. Ultimement, et surtout parce qu'un grand nombre de dirigeants d'entreprise s'y opposent, seule l'adoption d'une loi nationale qui rend obligatoire le transfert de ressources du secteur militaire vers des applications civiles, et qui en définit minimalement les conditions, peut permettre le succès d'une opération de reconversion/diversification. Parce qu'ils déterminent le niveau des dépenses militaires, et parce qu'ils exercent un contrôle économique sur les entreprises et institutions militaires, les gouvernements nationaux ou

fédéraux sont les seuls capables d'imposer la mise en
œuvre de la reconversion/ diversification.

Jusqu'à maintenant, à l'exception du projet de loi
très timide et très limité appuyé par le Congrès américain en 1990, aucun pays n'a adopté une législation
pour la reconversion. En Chine on a préféré procéder
par décrets administratifs. Par contre, certains pays,
comme l'URSS, l'Italie et les Pays-Bas, examinent à
l'heure actuelle la possibilité d'adopter de telles lois.

Seymour Melman[8] a proposé une dizaine d'éléments majeurs qui devront être incorporés dans une
éventuelle loi nationale pour la reconversion/diver-
sification:

1. La création obligatoire de comités d'utilisation alternative

Dans chaque entreprise, laboratoire ou base militaire comptant au moins une centaine d'employés, on
devra établir des comités d'utilisation alternative, qui
auront comme mandat d'établir des plans de reconversion ou de diversification vers le civil, au cas où la
fonction militaire de l'institution doive être abandonnée ou réduite. Ces comités locaux devront
inclure des représentants des travailleurs, afin de
faciliter la transition et d'assurer que toutes les connaissances et talents disponibles dans l'entreprise
soient utilisés au maximum. La direction devra
rendre disponible toute l'information nécessaire concernant l'entreprise. Elle devra aussi pouvoir faire
appel à des expertises à l'extérieur de l'entreprise, y
compris des firmes de consultants en génie et en
marketing et des universitaires locaux. L'avantage
d'une telle approche est d'assurer la plus grande parti-

---

8. Seymour Melman, *op. cit.*, p. 91-96.

cipation possible des travailleurs et des autres ressources disponibles sur place, et de ne pas mettre l'accent exclusivement sur l'aide qui pourrait venir des gouvernements régionaux et nationaux. La préparation de plans d'utilisation alternative devant être révisée périodiquement — tous les deux ans, par exemple —, garantit qu'une reconversion/diversification sera une préoccupation permanente et concrète des dirigeants et des travailleurs des différentes installations militaires.

2. La planification à l'avance de la reconversion/diversification

La planification pour la diversification devra s'effectuer longtemps à l'avance. Même une fois que la décision a été prise concernant des nouveaux produits, il faudra au moins deux ans pour modifier les opérations de production et la machinerie, trouver des sources des matières premières, former et recycler les travailleurs et la direction, et établir des stratégies et un réseau de mise en marché.

3. Un préavis lors de la terminaison d'un contrat

De même, le gouvernement devra donner aux producteurs et installations militaires un préavis d'au moins deux ans lorsqu'un contrat est annulé ou lors d'une fermeture.

4. Formation et recyclage obligatoires

Le recyclage est particulièrement important pour les dirigeants, les techniciens et les ingénieurs. Les dirigeants du secteur militaire sont très spécialisés, et peu adaptés aux exigences de la production civile, notamment au niveau de la minimisation des coûts, de la mise en marché et du contrôle de la qualité.

5. La planification des ajustements au niveau des communautés locales

Particulièrement dans les municipalités et régions qui dépendent lourdement du militaire, la reconversion/diversification de plusieurs installations et firmes peut occasionner des dislocations importantes. On peut, par exemple, assister à la réduction du nombre et au départ de plusieurs ingénieurs. Des fonds devraient donc être affectés pour permettre aux communautés de planifier les ajustements nécessaires.

6. Un contrôle décentralisé sur la planification des utilisations alternatives

Bien que chaque usine possède ses caractéristiques propres, tant au niveau des infrastructures que de la main-d'œuvre, de la machinerie et des ressources, et bien qu'il soit illusoire de vouloir imposer une démarche uniforme pour toutes les unités de production, il apparaît essentiel que la firme ou les installations locales se situent au cœur du processus d'élaboration des utilisations alternatives. Une organisation et une planification centralisées, extérieures à la firme, ne sont pas, dans la plupart des cas, adaptées aux besoins de la reconversion/diversification.

7. Le maintien des revenus dans la période de transition vers le civil

Dans plusieurs cas, la reconversion/diversification impliquera soit une période de recyclage, soit des mises à pied temporaires. Il faudra donc prévoir des systèmes de soutien des revenus qui s'ajouteront aux programmes existants, notamment l'assurance-chômage, et qui garantiront aux employés le maintien de leurs revenus.

8. Des allocations de relocalisation

Lorsque la reconversion/diversification ne réussira pas à éviter les mises à pied, il faudra prévoir, en plus des frais de formation et de recyclage, et lorsqu'il ne sera pas possible pour les individus affectés de trouver des emplois équivalents dans leurs régions, des allocations qui leur permettront de s'établir dans d'autres localités.

9. Un réseau national pour l'emploi

Afin de faciliter la transition et d'éviter les perturbations majeures, un réseau national pour l'emploi se verra confier la responsabilité d'identifier et de trouver de nouveaux emplois pour les travailleurs et les professionnels dont les entreprises ne pourront être reconverties et qui ne pourront trouver d'emplois dans le contexte des nouvelles activités de leur firme.

10. La planification par le gouvernement de ses investissements et dépenses

Au moins une partie des fonds «libérés» par la réduction des budgets militaires sera réinvestie par les gouvernements dans d'autres programmes de dépenses publics. En Amérique du Nord, par exemple, il existe à l'heure actuelle de sérieuses lacunes dans le financement des infrastructures comme les routes, les ponts, le traitement de l'eau et des déchets, le système de santé, les bibliothèques, les systèmes de transports et de communications, etc. Afin de permettre aux entreprises de réorienter leurs activités vers ces nouveaux marchés potentiels, les gouvernements nationaux et régionaux devront planifier le plus longtemps possible à l'avance leurs programmes de dépenses.

L'État devra également apporter d'autres formes de soutien. En plus des programmes et des systèmes en place, il faudra appuyer la R-D civile et le développement de nouveaux produits, offrir des dégrèvements fiscaux aux entreprises qui choisiront de diversifier leur production, rendre accessibles les technologies militaires au secteur civil en levant le secret et facilitant les transferts, et financer des programmes de recyclage de la main-d'œuvre. Cette stratégie devra être bien ciblée et viser particulièrement les secteurs les plus dépendants à l'égard du militaire et les plus essentiels pour le développement à long terme de l'économie civile, notamment l'électronique, l'aérospatiale et les communications. Le soutien apporté aux entreprises devra cependant être temporaire et ponctuel. Pour coordonner les efforts, il faudrait songer à la création d'une Commission nationale pour la diversification et d'un Fonds pour la reconversion/diversification.

L'importance du niveau local et des régions

Même si les gouvernements nationaux ont un rôle essentiel à jouer dans le processus de reconversion/diversification, une approche trop centralisée provoquerait sans aucun doute une bureaucratisation et des coûts excessifs. Les années 80 nous ont appris que la solution ne réside ni du côté d'une planification nationale rigide, ni du côté de la libre entreprise absolue. Le rôle de l'État central devrait se limiter à créer le cadre général et les conditions qui permettront à la reconversion/diversification de se développer efficacement.

La mise en œuvre du processus doit, dans une large mesure, être confiée aux autorités et aux groupes locaux et régionaux. Cette décentralisation permettra une plus grande sensibilité aux forces et aux faiblesses des firmes et des communautés. Il faut également être conscient du fait que les contrats et les activités militaires ont tendance à être très concentrés dans certaines régions, et que les politiques adoptées devront donc prendre en considération les besoins et les problèmes spécifiques aux différentes régions. On aurait sans doute avantage à mettre sur pied des instances ou des sociétés régionales de développement qui prendraient en charge au niveau local la gestion, la planification et la coordination des différents programmes nationaux.

Il nous apparaît donc insuffisant de compter uniquement sur un organisme ou des programmes nationaux, et sur des comités d'utilisation alternative. La communauté et les gouvernements locaux doivent aussi être partie intégrante du processus. Une stratégie régionale devra être basée sur une concertation entre les différents acteurs économiques; elle devra tenter d'appuyer les entreprises existantes et tenter d'attirer de nouvelles entreprises, elle devra inclure des programmes d'appui et de financement pour les entreprises et la planification des infrastructures locales; et elle devra inclure des activités publiques basées sur une mise en marché dynamique par les intérêts économiques et régionaux[9]. À ce niveau, la démarche de l'État du Connecticut n'est pas sans intérêt. En 1987, il a adopté une loi créant un groupe de travail sur le secteur manufacturier. Ce *task force* regroupe des élus et des fonctionnaires, des gens d'affaires, des travailleurs, des universitaires, des scientifiques et d'autres ressources, dont le mandat est de recommander des stratégies d'ajustement et de diversification économiques. Un sous-comité sur la diversification des entreprises militaires, formé d'un dirigeant de la plus importante entreprise militaire de l'État, du trésorier de l'AFL-CIO et du directeur de développement économique du Connecticut a proposé des mécanismes de planification, des stimulants, et d'autres services pour renforcer le processus de diversification dans les régions et au niveau des produits.

La démarche que nous venons de décrire, c'est-à-dire l'intervention des niveaux nationaux, locaux et de l'entreprise, nous apparaît la plus susceptible de permettre aux tentatives de reconversion/diversification de se dérouler avec succès. Au-delà de l'idéal, cependant, il y a la réalité. Les gouvernements actuels refusent pour le moment d'intervenir pour soutenir la diversification. Vaut-il la peine, dans les circonstances, de poursuivre des initiatives de diversification au niveau des entreprises? La réponse est clairement «oui», même si ces expériences ont moins de chances de réussir que si elles étaient appuyées par l'État.

En effet, la poursuite de projets pilotes dans certaines entreprises, même lorsqu'ils ne sont pas couronnés de succès, sert à établir des modèles pour les activités de reconversion/diversification, contribue à l'éducation des travailleurs, et peut servir de point de

---

9. Voir John Lynch, *Economic Adjustment and Conversion of Defence Industries*, Londres, Westview Press, 1987.

départ pour amener le débat aux niveaux national et régional. Cependant, les démarches et revendications au niveau de l'entreprise ne sont pas suffisantes. Il faut simultanément mener une campagne nationale et exercer des pressions politiques pour exiger que les gouvernements prennent leurs responsabilités. Dans la mesure où les politiques de l'État, ou plutôt l'absence de politiques, freinent et bloqueront à terme la plupart des expériences de reconversion, le contexte pourrait s'avérer favorable pour amener l'opinion publique à favoriser une nouvelle attitude de la part des gouvernements. Inversement, si les pressions publiques au niveau national peuvent amener les gouvernements à intervenir dans le processus, même sur une base temporaire et expérimentale, les projets pilotes au niveau des entreprises pourraient en bénéficier et éventuellement servir d'exemple pour étayer la crédibilité de la reconversion/diversification.

Les organisations des travailleurs ont donc tout avantage à appuyer la diversification. Depuis quelques années, d'ailleurs, plusieurs grandes organisations syndicales à travers le monde, notamment la Confédération mondiale du travail, la Confédération européenne des syndicats et la Fédération européenne des métallurgistes, ont pris position pour la reconversion /diversification et aident en ressources humaines et financières leurs syndicats à développer et à mener des luttes pour reconvertir en tout ou en partie leurs usines.

Dans la conjoncture actuelle, la diversification est une des solutions les plus compatibles avec les objectifs syndicaux. Premièrement, elle cherche à maintenir et à promouvoir les emplois. Deuxièmement, elle permet aux travailleuses et travailleurs de demeurer dans leurs entreprises et leurs régions. Troisièmement, elle vise la création d'emplois qui coïncident, dans la mesure du possible, avec les connaissances et les expertises des travailleuses et travailleurs en place. Quatrièmement, elle favorise la force et l'unité syndicales. Il est évident, en effet, que les pertes d'emplois et les difficultés financières des entreprises créent d'énormes pressions sur les salaires et les conditions de travail. Un projet de diversification ne peut qu'améliorer le rapport de force syndical. Cinquièmement, la diversification peut, dans certains cas, favoriser une participation accrue à la détermination des orientations de l'entreprise.

Reconvertir et diversifier vers quoi?

Reconvertir ou diversifier, oui, mais vers quoi? Il s'agit d'une question épineuse qui a souvent été une source de désaccord, pour ne pas dire de conflits, entre les partisans de la reconversion/diversification.

L'analyse des expériences de diversification aux États-Unis a démontré que certaines entreprises, notamment Kaman, Tenneco, et Litton Ingall, ont réussi des transformations fondamentales de leur production. Mais, dans la plupart des expériences qui ont connu le succès, les nouvelles productions civiles n'impliquaient pas une «cassure» radicale par rapport aux anciennes productions militaires. Des usines de fabrication d'ordinateurs militaires, par exemple, ont réussi à se réorienter vers la production commerciale d'ordinateurs. Boeing, Mc Donnell Douglas et Lockheed ont souvent alterné entre la production d'avions civils et militaires dans les mêmes usines. Les systèmes de sonar et radar de Raytheon ont été adaptés pour les navires commerciaux et les systèmes de contrôle aérien. Il ne faut pas hésiter, par ailleurs, à pousser les entreprises militaires à adopter des technologies hybrides, c'est-à-dire susceptibles de donner lieu à des applications civiles.

Le cas de Frisby Airbourne Hydraulics de Freeport à New York constitue un bon exemple d'une entreprise qui a réuni toutes les conditions pour diversifier ses activités vers le civil. Lorsque la décision fut prise de s'engager dans le marché commercial en 1985, 90 pour cent de la production de Frisby était militaire. En 1990, seulement 35 pour cent des ventes restaient liées au secteur de la défense, et la marge de profits s'était améliorée. D'une part, l'entreprise a continué à manufacturer des produits très similaires, c'est-à-dire des équipements hydrauliques pour les avions, et la technologie militaire était donc dans une large mesure compatible avec la technologie civile. Néanmoins, un effort important de R-D, y compris des initiatives conjointes avec des firmes de R-D, a permis le développement de nouveaux produits commerciaux et l'amélioration des produits existants. D'autre part, la firme a élaboré des stratégies de ventes pour les entreprises aéronautiques américaines et à l'extérieur des États-Unis. Enfin, au niveau interne, l'entreprise a effectué des changements majeurs visant à valoriser la collaboration des travailleurs: un plan de participation aux profits, une gestion conjointe de la production et une analyse mensuelle de la situation financière de la firme avec tous les employés.

Le choix d'un ou de plusieurs produits alternatifs s'avère donc capital pour la rentabilité éventuelle et l'adaptation de la main-d'œuvre. Il faudra se préoccuper aussi de la disponibilité de marchés alternatifs. Comme nous l'avons souligné, il faudra d'abord examiner deux possibilités: la première est liée aux nouveaux investissements infrastructurels et environnementaux, par exemple, que pourrait effectuer l'État en utilisant les ressources libérées par le secteur militaire; la deuxième est de planifier la production de biens qui sont présentement importés. Les marchés publics, notamment les sources alternatives d'énergie et l'environnement, en plus de correspondre à des besoins sociaux, ont l'avantage d'être bien connus par la plupart des producteurs de la défense.

Plusieurs promoteurs de la reconversion/diversification revendiquent une sortie rapide et complète du marché militaire. Ils exigent aussi la fabrication de «produits socialement utiles[10]». Bien que cet objectif est souhaitable, il serait illusoire et même utopique, dans une économie de marché, de tenter d'imposer un carcan additionnel à une transition qui, nous l'avons démontré, comporte déjà une part importante de difficultés. La reconversion/diversification des usines militaires peut contribuer à l'avènement d'une société meilleure, mais, si elle sert d'instrument pour remettre en cause les politiques de défense ou pour s'attaquer au système économique en place, plutôt que pour maintenir et créer des emplois, elle sera rejetée non seulement par les dirigeants d'entreprise, mais aussi par une majorité de travailleurs.

Le succès à long terme de la reconversion/diversification des entreprises militaires passe par la formation de coalitions larges qui sont prêtes à s'engager dans ce sens. Outre les syndicats et les groupes communautaires, il semble tout à fait plausible, dans la conjoncture actuelle de coupures accélérées, d'aller chercher des appuis importants chez les gouvernements locaux et les régions, et de mobiliser aussi certains patrons inquiets de la tournure des événements et soucieux d'éviter la faillite. La sauvegarde

---

10. Voir Michael Renner, «Conversion to a Peaceful Economy», *Bulletin of Peace Proposals*, vol. XIX, n° 1, 1988, p. 13.

des emplois et le maintien des économies régionales devront être les principaux points de ralliement de telles coalitions. Au niveau des entreprises elles-mêmes, outre la formation de comités d'utilisation alternative, il faudra tenter de négocier dans les conventions collectives des démarches et des seuils de production civile. Parallèlement, il faudra mobiliser l'opinion publique et la classe politique pour exiger des gouvernements des actions concrètes en faveur de la reconversion/diversification, notamment l'adoption d'une loi nationale.

Bibliographie

BREHENY, Michael J., *Defense: Expenditure and Regional Development*, Londres, Mansell Publ. Ltd, 1988.

CENTER FOR ECONOMIC CONVERSION, *Conversion Organizer's Update*, Californie, périodique.

DEPARTMENT OF DEFENSE, *25 Years of Civilian Reuse: Summary of Compteted Military Base Economic Adjustment Projects*, Gouvernement des États-Unis, 1986.

INSTITUT SYNDICAL EUROPÉEN, *Le désarmement et la reconversion des industries d'armement en production civile*, Bruxelles, Institut syndical européen, 1983.

MASSACHUSETTS DEPARTMENT OF EMPLOYMENT AND TRAINING FIELD RESEARCH SERVICE, *Defense Industry Profile*, juin 1990.

MELMAN, Seymour, *The Demilitarized Society*, Montréal, Harvest House, 1990.

MERCHET, Jean-Dominique, «L'industrie d'armement française à l'ombre de l'État», *Le Monde diplomatique*, 8 mars 1988.

PAUKERT, Liba, RICHARDS, Peter, *Defense Expenditures, Industrial Conversion and Local Employment*, Genève, Bureau international du travail, 1991.

REDDY, Leo, *How US Defense Industries View Diversification*, Washington, Center for Strategic and International Studies, 1991.

SAMORODOV, A., «La reconversion de l'industrie de la défense soviétique et ses conséquences pour la main d'œuvre», *Revue internationale du travail*, vol. CXXIX, n° 5, 1990.

SIPRI, *Yearbook 1991*, Londres, Oxford University Press, 1991.

SOUTHWOOD, Peter, *Desarming Military Industries: Turning on Outbreak of Peace into an Enduring Legacy*, Londres, MacMillan, 1991.

Table

La collection «Science et conscience»
rassemble des ouvrages traitant de sujets qui se situent
au carrefour des sciences humaines et des sciences naturelles.
Son but: informer et susciter la réflexion
en repensant le lien entre l'humain et l'univers qui l'entoure.
«Science et conscience» est dirigée par Danielle Ouellet.

CET OUVRAGE
COMPOSÉ EN PALATINO 11 POINTS SUR 13
A ÉTÉ ACHEVÉ D'IMPRIMER
LE ONZE MAI MIL NEUF CENT QUATRE-VINGT-DOUZE
PAR LES TRAVAILLEURS ET TRAVAILLEUSES
DES PRESSES DE L'IMPRIMERIE GAGNÉ
À LOUISEVILLE
POUR LE COMPTE DE
VLB ÉDITEUR.

IMPRIMÉ AU QUÉBEC (CANADA)